農家レストランの繁盛指南

高桑 隆

創森社

はじめに

2011年3月9日、私は福島県会津若松市にいた。幕末から150年続く古民家を改造し、農家レストランを開店するためのコンサルタントを引き受けたためである。

家屋の改装、厨房・内装工事も終わり、さあいよいよ開業の準備に入るぞ……と思った瞬間、大震災が起こった。今まで味わったことがない、強烈な揺れ。一瞬、死の恐怖に支配された。

揺れがおさまった2日後、後継者の息子さんと、ご両親のあいだで、農家レストランの開店をめぐって激論になった。

「こんな大災害時に、悠長に農家レストランなんか開店してどうなるのか?」

ご両親は、郷土の大災禍を目の前にして、「自粛」すべきだと30歳の年若き息子を諭した。息子、独鈷雅司さんは、自分が初めて手掛ける事業である農家レストランを、「こんなときだから、みんなを励ましたい。震災で疲弊した郷土を照らす、小さな灯になりたい! だから、開店すべきだ!」と強固に主張した。

私は、もちろん雅司君を応援した。

農家レストランは、寂れつつあるわが国の地方都市・農村部に残された、数少ない希望のあるビジネス・チャンスだ。戦後、農村に光が当たったのは、戦後復興のための食料増産運動のほんの一時期だけだ。それ以後、農村は日本経済躍進の陰で、永い停滞の時期を過ごした。

しかし、近年、農村が大注目されている。グリーンツーリズムが叫ばれ、本格的な洋食の「オーベルジュ(ヨーロッパ風農村レストラン)」まで登場している。

やっと農村に、小さな灯がともり始めた。ここで、その明かりを消してはならない……そう考えたからである。

なんとかご両親を説得して、開店前レセプションの開催を決定した。余震のおさまらない震災直後、レセプションは5回にわたって開催され、大成功だった。震災渦中にあって、130名の参加を得た。

「こんなときによく決断した！」

「震災なんかに負けてはいられない。こんなときに開店する、このレストランの経営者の勇気に感動した！」

「君は、これからの会津若松の希望の星になれ、頑張れヨ！」

レセプション会場は、祝福の言葉であふれた。もちろん、当初のご招待客リストは、キャンセルの嵐で赤く塗られ、時には電話で、「こんな非常時に何をしている！」とお叱りもいただいた。だが、多くのお客様から、逆に励まされた。こうして開店までの道筋は見えてきた。

激動の10日間は、あっと言う間に過ぎた。宿泊している駅前のビジネスホテルは、重油不足でボイラーが焚けないと、延泊を拒否された。

インターネットで、寸断されていた首都東京への交通網が僅かにつながっているのを発見。翌明け方、会津鉄道の一両列車に乗り、山間部を縫うようにして栃木県鬼怒川へ、そこで東武鉄道に

はじめに

乗り換え東京へと戻り、神奈川の自宅へとたどり着いた。行程10時間の脱出行だった。

しかし、私はそれから何度も、会津若松に入っている。前述の自然薯と有機野菜の「古民家レストラン独鈷」を指導するためと、この小さな農家レストランを、「放射能による風評被害」なんぞにつぶされてたまるか……という、コンサルタント魂が私を駆り立てている。

本書を上梓したのも、ぜひとも農村に明かりをともしたい、農家レストランの場で、頑張る農村のお母さんたちに、流した汗の分、幸せになってもらいたいと願うからである。

現在、日本各地で開業が相次ぐ農家レストラン。その30〜40％は、運営経費がやっとまかなえる程度の、赤字すれすれの経営状態に陥っている。

その原因は明確だ。農家レストランの運営主体のお母さんたちが、また、お母さんたちを後押しする関係者の方々が、飲食店経営の勉強をまったくしてこなかったことに尽きるのである。

本書は、飲食店経営のプロ・コンサルタントとしてまとめた、本格的な農家レストランの経営ノウハウ本である。

ぜひ、農家レストランに興味を持つ農業者、とりわけ農家の元気なお母さん、さらに新たな事業を模索している農協（ＪＡ）関係者、寂れつつある商店街に活気を取り戻したい商工関係者、農家レストランみたいな農村カフェ開業に意欲を持つ女性陣、皆さんそれぞれ手にとってご一読願いたい。

そして、健全経営の素晴らしい農家レストランが巷にあふれ、運営主体のお母さんたちの明るい笑顔が、地域のそこかしこにあふれることを祈念して、序文にかえさせていただく。

2011年7月

高桑　隆

農家レストランの繁盛指南●もくじ

はじめに 1

第1章 そうだったのか!! 農家レストランの真実 9

農家レストランって、いったい何? 10
　農家レストランの定義とは 10
　農家レストラン繁盛の背景にあるもの　さまざまなスタイルが登場してきた 12

農家レストランのこの驚くべき実態!! 18
　流行の農家レストラン——その本当の経営状態 18
　運営経費も出ないボランティアの限界 20
　農家レストランの運営にはさまざまな経費が必要 21
　利益を生みださなければ経営の継続はできない 24

農家の女性が主役として活躍する場に 25
　女性が主役の時代が農村にやってきた 25
　直売所の成功が女性に自信をもたせ、次の挑戦へと誘った 27
　繁盛直売所の次は農家レストランの開業だ 29
　農家レストランこそインキュベーション（孵卵器） 30

もくじ

第2章 安心・安全の名物料理を創りだすまで 41

ビジネスモデルとしての農家レストラン 32
　直売所とレストランが農村経済活性化の起爆剤に 32
　近代的な農産物流通の矛盾と問題点 34
　農村経済の明日を担う直売所と農家レストラン 37

おいしくて安心・安全、人気料理を創りだす 42
　あまりお勧めできないバイキング式料理 42
　田舎の素朴な料理を求め　お客様は遠くからやってくる 44
　おいしさ……「味」とは何か？ 48

知っておきたい メニュー作りの基本原則 51
　まず、名物料理を創りだそう 51
　食材費・人件費の60％原則は飲食業の黄金律 54
　農家レストランの食材は原価率30％以内でおさめる 56
　ターゲットを明確にすれば進むべき方向が見える 57
　農家レストランのメニューレシピ例 59

料理レシピと食材の調達、調理場の構造 71
　料理レシピの必要性と適正なメニュー数、客席数 71
　店内調理研究会の開催と新メニュー開発 74
　作業しやすい調理場と新しい調理機械・器具 77

第3章 農家レストランの運営・経営ノウハウ

接客サービスの基本を身につけよう 82
最初にまず、基本の定型サービスを身につける 82
ホスピタリティ・サービスにレベルアップする 84
接客サービスは「料理説明」に最大の力点を置く 89

店の運営を軌道にのせるために 93
営業日と営業時間の設定 93　一日業務の流れと人員シフト 94
朝礼でやる気を盛り上げ元気なレストランにしていく 96
マンネリに流されるとお客様に見抜かれてしまう 98
責任者や店長が常にリーダーシップを発揮

「QSC+A」の原則と臨店診断 101
「QSC+A」はレストランの経営原則 101
「臨店診断」による改善とレベルアップ
常に清潔・整理・整頓を心がけ、実践する 103

日々の売上管理と原価管理の基本 112
売上データをもとにしたマネジメント行動 112
数値から問題点を読み取り的確な対策を打つ 114
数字のどこを見るのか？計数管理の勘どころ 116
仮説を立て、実践・検証し、店舗業績を伸ばす 118
発注、納品、仕込み、デシャップと惣菜販売 121

もくじ

食材の在庫を確認し、不足食材の発注と納品 121
仕込み作業は勘や慣れでなく出数予想から割り出す 123
料理のデシャップへの期待 124
手作り惣菜の持ち帰り販売 126

第4章 新規開業の準備とよい立地・建物とは 129

新規開業へ向け、むだなく準備する 130
　余分なお金をかけずに開業 130
　テスト・マーケティングで開業準備をスタートさせよう 131
　開業に向けた強い チーム作り 134

開業資金の調達と開業計画書の作成 136
　農家レストランの開業にはいくらの資金が必要か 138
　出資者に高い配当の支払いでお金はどんどん集まってくる 140
　「開業計画書」の作成 143

立地条件と建物・構造、必要な設備 149
　「よい立地」とは何か 149
　飲食店としての必要な設備 151
　立地も大事だが勝敗を決するのは店舗力 153
　立地上の最大の難点は実は給排水設備 154

各種届け出と運営組織の形態 158
　なによりも重要なのは保健所への届け 158
　運営の主体は、法人、NPO、個人事業主、組合方式？ 160
　運営の中心メンバーは元気なお母さんたちで十分 164

第5章 接客のコツを会得し いざオープニングへ

レストラン・スタッフの教育、研修 168
人材は育て方次第で大きく成長する 168
新人は就業ルール教育、ベテランは調理・サービス研修 169
ロールプレイング式教育と人の誉め方、叱り方 174
先進店舗見学による「モデリング」 179

シークレット・オープンと宣伝の極意 181
シークレット・オープンとは何か？ 181
シークレット・オープンの実行手順 182
農家レストランに必要な宣伝と情報発信 186
農家レストランで地域に活気がみなぎる 189
農家レストランこそ農村最後の起業チャンス 189
農家レストランを女性パワーで成功させよう 191

◆インフォメーション（本書内容関連） 197

第 1 章

そうだったのか!!
農家レストランの真実

あんずの里市利用組合が経営する「ふるさとレストランあんず」

農家レストランって、いったい何？

農家レストランの定義とは

各地の農家レストランが大人気だ。テレビや雑誌の取材も多く、女性たちも「一度行ってみたい！」と目を輝かせる。

農家レストランという用語が使われ出して、それほど時間が経っていないのに、関心の高さは想像以上である。

筆者が、講演会などで農家レストランの話をすると、「農家レストランって、どんなレストランですか？」といった質問が相次ぐ。なかには、「私たち女性グループで、そんなレストランを経営してみたいのですが」という相談も多い。

これからこの本で述べていくことは、まさに「農家レストランの作り方」である。

筆者の夢は、農山村や漁村のお母さんたちで、こうした農家レストランのような飲食店を立ち上げ、ぜひ成功を手に入れてもらいたいということだ。そして、幸せになってもらいたいということなのである。

自分たちだけの幸せではない。家族だけでもない。

農産物直売所と農家レストランが繁盛することで、農村全体が活気づき、市・町・村・地域全体に幸せの輪を築いてもらいたいのである。

農家レストランという概念が登場したのは2006年、農文協（農山漁村文化協会）の雑誌『現代農業』増刊号『畑カフェ田んぼレストラン』である。

第1章 そうだったのか!! 農家レストランの真実

農山村に立地し、地域の食材を使用

この時点では、農家レストランという、はっきりとした用語が具体的に示されなかったが、本の中身は農家レストランの記事で満載であった。農家レストランとは何かという疑問に、明確な定義が書かれたのは、財団法人都市農山漁村交流活性化機構が発行した『きらめく農家レストラン』（二〇〇七年三月）である。

そこには、農家レストランの定義が、こう書かれている。

「農家自ら、又は農家と密接な連携の下で、その農家が生産した食材、又は地域の食材を使って調理・提供している、当該地域に立地するレストラン」

筆者も基本的にこの定義が適正であると考える。

本来は、農家を自営する人々が、自分の畑や田んぼで作った野菜や米・雑穀、それらの農産物を自ら加工した味噌や餅や蕎麦などの食材を、自ら調理して、自らの住まいを食堂

用に改造し、そこで都会から来たお客様をもてなす……というのが、農家レストランの基本である。

さまざまなスタイルが登場してきた

現在全国で、雨後の竹の子のように増加している農家レストランは、2011年現在、およそ2000軒を超えているのではないだろうか。

一般的にイメージされる農家レストランの料理は、どちらかといえば蕎麦料理や田舎の素朴な野菜料理・郷土料理、囲炉裏で焼いた川魚料理などである。

しかし現在、全国各地にぞくぞく誕生している農家レストランは、こんな農家の自給自足的だったり、郷土料理を打ち出したりするスタイルばかりではない。なかには、本格的な洋食レストランも登場してきている。

●**本格フレンチ「レストラン ビオス」**

静岡県富士宮市で有機農業を営む松木一浩さん。

彼は自分の畑で採れた有機野菜を食材に、前職の経験（フランス料理支配人）をいかして、高級フレンチの「レストラン ビオス」を畑の真ん中で経営している。訪ねてみると、本格的な洋食レストランだ。これを、農家レストランと呼称することに抵抗があるむきもあろうが、しかし、まぎれもなく農家レストランである。

これは、ヨーロッパなどで見られる、オーベルジュ（Auberge）という、主に郊外や地方にある宿泊設備を備えたレストランのスタイルである。

「レストラン ビオス」のランチは、シェフのお任せコースで2940円。それ以外のコース料理の料金は、3990円から8900円である。

第1章　そうだったのか‼　農家レストランの真実

こんな田舎の畑の真ん中に、こんなしゃれた洋風レストランが成立するのだろうかと疑問に思うが、なんと1ヶ月先くらいまで予約がとれない状況が続いていると、店のスタッフに聞いた。

●大規模バイキング式食堂「ポケットファームどきどき　つくば牛久店」

2010年10月、茨城県牛久市郊外に開店した「ポケットファームどきどき　つくば牛久店」。

この施設は、全農茨城県本部（JA全農いばらき）が経営する、農産物直売所と自然食バイキング式レストランである。

バイキング式レストランは、店舗面積150坪、客席130席の大食堂で、90分食べ放題で1800円である。

ここで驚くのは、1800円という高単価であることだ。最近流行の、都会の自然食バイキング式なら、この程度の価格は当たり前

だ。しかし、ここは茨城県の片田舎、開発の遅れた雑木林を切り拓いて作られた施設。それでも、平日客数が200人、土日になると300人以上のお客様であふれかえる。行列を見て、諦めて帰るお客様も多いと聞く。

この「ポケットファームどきどき　つくば牛久店」の繁盛ぶりは、開店景気ではない。

「ポケットファームどきどき」1号店が、東茨城郡茨城町にあるが、2000年に開店した農産物直売所とバイキング式レストランは、今でも土日になると、行列が絶えない繁盛店だ。

この1号店の2010年度の目標年商が、農産物直売所とバイキング式レストラン合わせて、11億4000万円だというから驚きだ。

●女性だけで立ち上げた「花農場あわの」

最後に、もう1ヶ所、ユニークな農家レス

トランを紹介する。

栃木県鹿沼市粟野地区、ここに女性だけで立ち上げた「花農場あわの」がある。地元の女性8名のグループで立ち上げた農家レストラン、ここの料理はハーブを使った本格的なイタリア料理である。

観光農園にはハーブが植えられ、ハーブを加工したショップも併設している。

東武鉄道新鹿沼駅から店に行こうと思い、やっと見つけたバス停の時刻表を見て驚いた。日に4本しか運行されていない。

「花農場あわの」の若林オーナーに電話で聞くと、「バスの終点から3kmも奥」だと言う。そこまで迎えに来てもらい、レストランを訪問したが、なんとこんな山奥で、客単価1700円、年間3万人のお客様が来店、年売上高は3000万円を超えていると聞いた。

11年前、開業時に借り入れた2000万円はほぼ完済。先日のクリスマスにもバンドを

女性8人で立ち上げた、栃木県鹿沼市の「花農場あわの」責任者の若林ふみ子さん

「花農場あわの」の建物正面

「花農場あわの」の本格的なスパゲッティとハーブを使ったピザ、ハーブティー

第1章　そうだったのか!!　農家レストランの真実

入れ、5000円のパーティ券が40枚も売れたという。

全国で急激に増加している農家レストラン。農産物直売所がそうであったように、農家レストランも一気に競合激化の時代に入ると予想される。

そのとき、蕎麦メニューしかない程度では、厳しい競合に勝っていけないのではないかと危惧する。

これからも、ますます多様な農家レストランが登場してくるに違いない。だから農家レストランは、これからが面白いのである！

競合を勝ち抜き、繁盛し続ける農家レストランのヒントがここにある。

農家レストラン繁盛の背景にあるもの

こうした、農家レストランの大ブームの背景にあるものはなんだろうか？

それは、現代の消費者の「食」に関する、漠とした不安である。

以前から一般の消費者は、毎日食べている「食」の安全・安心に、かなりの疑念を抱いてきた。「どうも、何かが変だ！」

近年のアレルギー症の多発（花粉症や過敏症）、アトピーの子供たちのことを見聞していると、10年前に出会った、群馬県渋川市郊外、「無農薬麹漬物」で人気の、針塚農産代表、針塚藤重氏（75歳）の話を思い出す。

針塚さんは、1957年に東京農大を卒業、化学肥料の普及と大規模農業を推し進める農業改良普及員として活躍していた。

その年の夏、高原の村で除草剤のいっせい散布を指導し、身が震えるような体験をした。除草剤散布の翌早朝、村の中を走る小川の川面は、白い腹を見せて浮き上がった大小の川魚で埋め尽くされていたのである。

その無残な光景を見て、除草剤の強力な殺傷力と、それが人間の口に入ってゆくことの

恐ろしさに声も出なかった。

当時、稲のいもち病防止のため、チッ素肥料が大流行した。

チッ素は、稲のイモチ病を防止し、病気に強く安定的な米の収穫を保証した優れた農薬である。

しかし、そのチッソ肥料は、あの水俣病の有機水銀を含んだものである。水銀が、イモチ菌ばかりでなく、すべての微生物、カエルやミズスマシ、メダカさえも殺してしまう。

こうした化学肥料を使い、近代的農業を指導し普及する役割の針塚さん。彼は悩んだ。悩んだ末にたどりついたのが「身土不二」という考え方である。

身土不二とは、自分の住むこの土地と、そこで暮らすこの体は一体であり、土を汚しては人も生物も生きてはゆけない、という思想である。

そして、この土地で採れる旬の食物を食べ、命と土と環境の食物連鎖の生態系の中で、生き生きとした人生を生きること。これが、本当に人間らしい生き方であることに気づいた。

ジャブジャブ農薬を使う、米国式大規模農業より、わが国古来の土壌菌をいかした有機農業こそ、本当の農業の在り方であると気づいたのである。

「極端な言い方ですが、産業には生きもの産業と死にもの産業があります。本来、農業や農産加工業は、生命を限りなく育てる生きもの産業のはず。化学工業などの死にもの産業の重要性も、もちろんわかってはいます。しかし、私は農薬などを使わずに農産物を作り、化学添加物を用いずに安心・安全の漬物を作る生きもの産業に取り組んでいることに誇りをもっているんです」とのこと。

針塚さんの話では、現代日本人の食生活では、一人当たり年平均4㎏の化学添加物を食べている計算になるという。

あらゆる食品に含まれる化学合成の添加

第1章　そうだったのか‼　農家レストランの真実

漬物用野菜としての適性を試験する針塚氏

肥沃な土壌で健康野菜作りを手がける（群馬県渋川市）

物。それは、われわれの食生活を飛躍的に発展させ、便利な社会を生みだした魔法の杖だ。

これらすべては厚生労働省が検査を繰り返し、その結果認可したものであるが、20年、30年と食べ続けて検査したわけではないだろう。

この先どんな影響があるのか、誰にもわからない。なんとも背筋の寒くなる話である。

ちなみに、針塚さんの漬物についての考え方は『あざやか浅漬け直伝』『極上ぬか漬けお手のもの』（ともに針塚藤重著、創森社）に詳しい。

「食」の安全・安心を推進する農家レストランが大流行する背景には、なによりも「食」に対する消費者の、漠とした不安が渦巻いている。

農家レストランのこの驚くべき実態!!

流行の農家レストラン――その本当の経営状態

現在、地方の農村で大流行の農家レストラン。皆さんは、農家レストランの本当の中身をご存じだろうか。

最近テレビ・雑誌などで、農家レストランを取材した番組や記事が多い。

テレビ画面には、のんびりした里山の風景が映る。その中に藁ぶき屋根の古民家がぽつんと一軒。話題の農家レストランだ。

砂利びきの駐車場に車を止め、玄関から入ると、中央に囲炉裏が掘ってあり、自在鉤には鉄瓶がかかり、囲炉裏の火で湯がシュンシュンと沸いている。

「よう、来たね!」

と、いかにも農家のお母さんらしい人が、お茶を持ってきてくれ、

「お客さん、何にすんだい(注文は何にします)?」

と問いかけてくる。

品書きを見ると、手打ち蕎麦、蕎麦団子、自家製味噌の焼きおにぎり、山菜と野菜のキノコ汁。食材は、すぐそばの畑で採れた新鮮野菜や、芽吹いたばかりの山菜。なんとも素朴で、心温まる農家レストランの風景である。

この大人気の農家レストランの経営実態が、「あんまり儲からない!」のである。

群馬県高崎市から車で1時間、山間部の町はずれ、国道を少しはずれた小高い丘に、農家レストラン「KM」(さしさわりがあるの

第1章　そうだったのか‼　農家レストランの真実

で仮の名とする）はある。

数年前、北国の桜が満開の5月上旬、農家レストラン「KM」を訪ねた。

建物は、町が経営していた日帰り温泉。ボイラーが故障して、修理費用が膨大にかかるため、2年間休業していた施設を、指定管理者の資格を得て、農家レストランに転用したという。

現在、温泉はないものの、かなりしっかりした立派な施設で、これなら農家レストランに転用しても十分に活用できると思った。

メニューは、家庭料理を食べ放題のバイキング式。

ご飯とおかず（約13種類くらい）が、一人90分食べ放題で800円。一日の来店客数20人から30人。土日は最高で50人くらい入る。営業時間は午前11時から午後3時。一日の売上高は1万5000円から3万円。土日は4万〜5万円売るが、月間売上高は90万円に満たない。

女性オーナー（52歳）は、週1日休みで、朝8時から夕方7時まで働いても、ほとんどお金は残らないと言う。

「食べ放題のバイキングだから、閉店時に料理が残っちゃう。これが儲からない原因かな？　人件費は、主人に、店の修理やうどんを打ってもらっているので、専従者として給料を支払い、二人のお手伝いさん（パートタイマー）にも時給を払わねばならない。それと役場からこの施設を借りている賃貸料もあるので、私の給料はなし。ボランティアなのよ！」

休みの日には、自分の畑の手入れ、農作業もある。だから、農家レストランの女将は休む暇がない。

そんな毎日でも、無給で働く。これだけ頑張る女性オーナーが、無給でよいわけがないのだが、農家レストランの大半がこんな経営状態である。

運営経費も出ないボランティアの限界

次ページの表を見てもらいたい。農家レストラン「KM」を訪ねて、筆者が聞き取りして計算した損益計算である。食べ放題だから、食材原価率が50％、43万円はかかる。人件費も、生活があるのでご主人に10万円払っている。お手伝いのパートさん二人に3万円ずつ、約6万〜7万円払っている。

あとは、本人とご主人の国民健康保険、みなの労災保険などを支払って合計人件費20万円。本人の給与はない。

その他の経費は、村への施設使用料5万円、水道光熱費5万円（特にプロパンガス代金が高い）、備品・消耗品（ペーパー＆ナプキン類、ラップ、ホイル、箸、洗剤、たわしなど）は節約しているが、どうしても月2万円くらいかかる。広告を2ヶ所に出して1万円。町会費や各種会費、BGM、下水道使用料などで2万円。開店にかかった費用の回収が月に7万円。これで締めてみると利益はゼロである。

これでは、店の残りものを食べて暮らしているようなものだ。

農家レストランを始めるときに、誰もが考えること——それは、安全・安心で新鮮な、地元で採れる野菜や食材で、本当に健康でおいしい料理を、都会の人に味わってもらいたいということだ。

それが、前述したような赤字経営で、無料の労働奉仕（ボランティア）でよいのだろうか？　田舎のひとのよいお母さんたち、彼女たちの笑顔を見ていると、こんなことでは絶対にいけないと思うのである。

「グリーンツーリズム（都会の人々が農村に滞在し、農作業や緑に親しみ、農村の人々と交流する）は、高い理念に支えられた社会活動である。農家レストランもグリーンツーリズムの一環である。だから、利益追求はほど

第1章　そうだったのか!!　農家レストランの真実

農家レストラン「KM」の予想損益試算

項　目	経費項目	金　額（%）
月間平均売上高 85万円（100%）	食材費	43万円（50%）
	人件費（夫10万・パート7万＋福利厚生）	20万円（24%）
	家賃（指定管理者）	5万円（6%）
	水道光熱費（プロパンガスなど）	5万円（6%）
	備品・消耗品	2万円（2%）
	販売促進費（ミニコミ誌広告）	1万円（1%）
	その他経費（雑費など）	2万円（2%）
	減価償却費（改造費用の回収）	7万円（8%）
	経費合計	85万円（100%）
	営業利益	±0万円（±0%）
合計85万円（100%）	合計	85万円（100%）

ほどにしなければ……」

このように、学識関係の偉い先生に怒られそうだが、農家レストランも、経営＝ビジネスであることに変わりはない。運営経費も出ないような経営状態は、とうてい放置できるものではない。

農家レストランの運営にはさまざまな経費が必要

赤字経営になる原因。これは、まずレストラン経営にはお金がかかるということを、よく認識してスタートしていないからである。

例えば、修理費用を考えてみよう。

レストランの厨房には、さまざまな調理器械がある。器械だからいつかは壊れる。これらの修理費用がばかにならない。

飲食業に不可欠な冷蔵庫。食材を5℃前後に保つこの機械はよく故障する。町が作った施設とはいえ、指定管理者として任命された

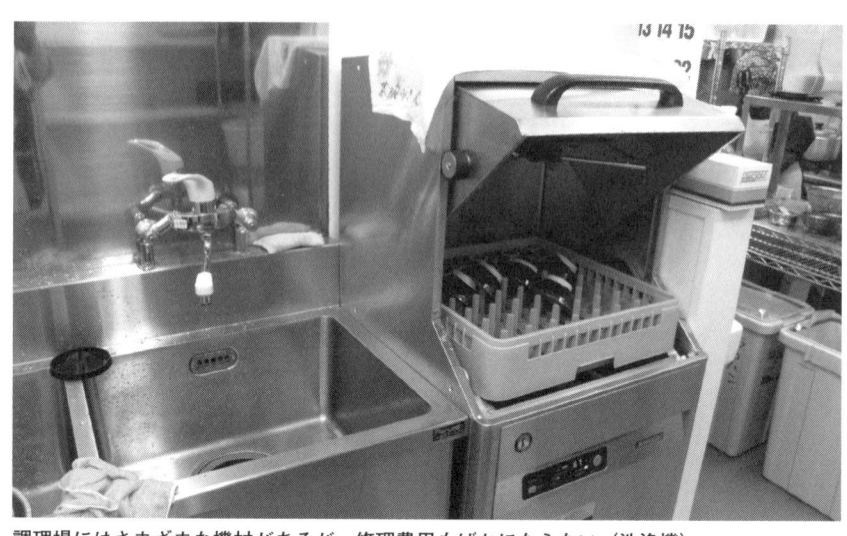

調理場にはさまざまな機材があるが、修理費用もばかにならない（洗浄機）

からには、以前に設置された冷蔵庫の修理は、管理者の自己負担である。

冷蔵庫を修理する業者は、近くの大都市にしかいない。冷蔵庫が壊れた（温度が下がらない）からといって、こんな田舎にすぐには来てくれない。

業者側も修理の人手が足りない。やっと来てくれて、冷蔵庫が正常に動きだしホッとしていると、出張費を含む修理費用（部品代金は別）が請求される。とても、１万円程度の費用では済まない。

自然豊かな農村部にあるために、落ち葉や雑草の処理も大変だ。

レストランの店内、客席や玄関、特に雪国では建物の耐久年数が短く、毎年かなりの修理が必要になる。

見晴らしのよいところに木製ベランダを作ると、その木がシロアリの被害にあう。木製だから腐敗も早い。強い防腐剤を塗るのは注意が必要だ。アレルギーのお客様に影響が出

第1章 そうだったのか!! 農家レストランの真実

バイキング式の農家レストランは、利益が出にくいという欠点がある

てからでは大変だからだ。

食べ放題(バイキング)にすると、お客様がおなかいっぱい食べ過ぎる……というよりも、前述した「KM」のように、閉店間際の料理の残りが膨大なロス(損失)になる。これが赤字の最大の原因だ。

11時開店直後は、バイキング台の皿は山盛りだ。だが、閉店間際になると、皿の上は残りものでさびしくなる。

しかし、遅いお昼ご飯を食べに、わざわざ遠方より来るお客様にとって、「なんだ、同じ料金で、こんな残りものを食べさせて」と苦情になり、ブログなどに書かれてたちまち評判を落とす。

だから、閉店間際まで、皿の上は料理で満杯にしておかなくてはならない。

結果として、膨大な料理が残り、翌日に使いまわす(これがまた評判を低める)か、自宅で夕食に出すか、手伝いパートさんに持って帰ってもらう……。

利益を生みださなければ経営の継続はできない

いずれにしろ、農家レストランには大損害の毎日が繰り返される。そして、お金が残らない赤字経営となっている。

人件費やそれに伴う福利厚生費（保険や年金）もある。一生懸命働いてくれる人に、小額でもいいからボーナスも出してやりたい。せめて通勤のガソリン代くらい出してやりたい。

税金（法人住民税や消費税）だって納めねばならない。

メニューも季節ごとに変えたい。そのため他店の視察にも行きたい。秋から冬には、新しいフライパンや鍋も欲しい。鍋ものをやりたいが、そのための卓上コンロや土鍋も欲しい。

季節ごとに、新しい制服に切り替えたい。しかし、赤字経営では余分なお金はない。結局、お金がなければ、意欲がいくらあっても何もできないのである。

だから、適正な利益の出る飲食店経営に切り替えねばならない。

料理の単価も、食べ放題800円などといっ安い価格では、農家レストランは維持できない。高価な食材を使えば原価が上がり、利益は吹き飛ぶ。

筆者が本書を書くきっかけは、こうした現実を見聞したからだ。本書はそのための指南書だ。利益を生みださなければ、レストラン経営の継続はできない。

ぜひ、本書を十分に読みこなし、健全経営とは何かを知ってほしい。そして、売上があがり、利益が十分にあがる、そんな健全経営の農家レストランが、一軒でも多く増えることを願っている。

農家の女性が主役として活躍する場に

女性が主役の時代が農村にやってきた

農家レストランの主役は、農家のお母さんたちだ。どこの農家レストランを訪ねても、元気のよい女性たちが出迎えてくれる。農村に、やっと女性たちが主役として活躍する場ができた。それが農産物直売所と農家レストランだ。

2009年に取材した、福岡県福津市の「あんずの里市利用組合」。この年間4億7000万円売る農産物直売所とレストランを経営する女性たちの成功物語のなかに、農村に女性たちの時代が来ていることを実感させるものがある。

永い間、農村の女性たちは恵まれなかった。封建的な因習がはびこり、男尊女卑の風潮が根強い農村。そのため、農村の女性たち

赤字の農家レストラン経営は、もう止めにしよう。余計に儲ける必要はないが、せっかく作り上げた農家のお母さんたちの夢の城＝農家レストランを、もっと大切に守り育ててゆかねばならない。

混迷する現代の「食」の問題を解決する手段としての農家レストラン。グリーンツーリズムの先頭を走る農家レストラン。農村経済に大きなインパクトを与え、貢献する農家レストラン。その大切な夢の城＝農家レストランを守り育ててゆくために、必要経費が十分にまかなえ、適正な利益を確保できる健全経営の農家レストランへと、変えてゆかなければ

農家の嫁さんが30人ほど集まり、毎月1回、日曜日に、道路わきの広場に軽トラックを停め、自分のところで採れた、野菜や漬物や雑穀などを持ち寄って、それをトラックの荷台で販売し始めたのだ。

初め男たちは、「どうせ、農家の母ちゃんたちの遊びだ！」と相手にしなかった。「自由になるお金が欲しい！」という事情はもちろんあった。しかし、それ以上に、家を出て家事や育児から解放される、自由な時間が欲しかった。それは農家の嫁、みんなの願いだ。

「仲間たちが、みんなで寄りあえる場所ができたのが何より嬉しかった！　私たち、農家の嫁の苦労話や、いろんな生活の知恵、情報の交換場所ができた。それが青空市」

「遊び半分」と言われた青空市が、半年もしないうちに、開催日一日の来場者が150名、総売上30万円を売る繁盛市に発展した。

が何かやろうとしても、男社会・村社会のしがらみの中で無視されるか、つぶされるしかなかった。しかし、「あんずの里市」の女性たちは違った。

組合長、井ノ口ツヤ子さん（60歳）は語る。

「当地（旧津屋崎町）は、温暖で自然に恵まれています。だから農業が盛んで、大きな専業農家が多いのです。農家の嫁の立場は弱く、いつまでたっても姑様に家の実権を握られ、苦労の多い人生を生きなければならなかった」

農家の嫁は苦労が多い。

厳しい農作業、大家族の食事・洗濯・家事、子供の世話、くたくたに働いても手元にはお金がない。財布は姑が握っている。何かのたびに、「あの〜お金を……」と申し出る嫁の立場は辛い。

そこで、思い立ったのが野菜の青空市。1994年、井ノ口さんを中心に、仲のよい

第1章 そうだったのか!! 農家レストランの真実

直売所の成功が女性に自信をもたせ、次の挑戦へと誘った

神様は見ている。好機は、夢見る人の頭上に降ってくる。

半年後、現在の地に国の補助金で「津屋崎町農林漁業体験学習館」の建設が決まったのだ。井ノ口さんたちは、その場所に「ほんの少しでいいから」と、常設の店舗＝農産物直売所の併設を願い出た。

役場の窓口で話は聞いてくれたが、対応は冷たかった。

「農家の母ちゃん方に、何ができる！」それ

井ノ口さんたちの活動は「遊び半分」なんかじゃなかった。青空市で自信をつけた嫁さんたちは、各地の農産物直売所に注目。売上金の一部で、見学会を実施。

そうしているうちに、自然とみんなの意見が一致した。

「自分たちの直売所が欲しいね！」

あんずの里市利用組合の直売所外観

あんずの里市利用組合の組合長・井ノ口ツヤ子さん

あんずの里市利用組合の直売所店内

に、この補助金は『学習・体験施設』だ。そんな母ちゃんたちの小遣い稼ぎに使わすわけにはいかね〜」

井ノ口さんたちは考えた。

誰かが言った。

「私たちの代表を町議会に送り出そうよ!」

方針は決まった。

井ノ口さんが、町会選挙に打って出た。地元の人たちが応援に駆けつけた。人口1万6000人の津屋崎町、有権者5000人、投票率は60％。その選挙で500票（17％）を超える票が集まった。

議会に送り出された農家の嫁さん代表、井ノ口議員は、交流施設への直売所の併設を強力に推し進めた。

そしてついに1996年5月、農家の嫁さんたちで、「あんずの里市利用組合」を結成。交流施設の脇に、小さな農産物直売所（15坪）がオープンした。

こうして、小さいが屋根のある直売所ができてきた。組合員数も、当初の30人から1年で80人に増加。場所代として、当初16万円の資金で始めた事業が、毎年1億円単位で売上が上がり続けた。

今では周辺に、多数の直売所ができる激戦地となったが、競争相手が増えても、売上は落ちていない。最初は「女の遊びやろう。うまくいくわけがない！」と、はじめは野菜運びすら手伝ってくれなかった男性たちも、今では積極的に協力してくれる。

そして、売上はすべて女性名義の組合員の口座に入る。

事務局の大峰さんが言う。

「今では、軽トラックぐらいは、みんな自分で買っていますよ。腰の曲がったおばあちゃんでも、年間50万円は稼ぐ。1日1500円も売ったら、手数料の12％を組合に納めても、それくらい残りますから」

組合員の年平均売上は約240万円。1000万円売り上げる人が、10人ほど。

第1章　そうだったのか!!　農家レストランの真実

あんずの里市利用組合が経営するレストランの調理場

500万円売り上げる人が、30人くらい。300万円台の層が一番多い。そのほとんどが定年帰農組と、大規模農業をやめて、共販（農協への出荷）一辺倒から一部を直売に切り替えた人たちだ。

「現代農業」2006年2月増刊号『畑カフェ、田んぼレストラン』の記事を引用し、一部に筆者加筆

繁盛直売所の次は農家レストランの開業だ

そして、2005年1月、新たな挑戦が始まる。野菜をいっぱい食べてもらうための、野菜料理のバイキング・レストランの経営だ。

「あんずの里」の外に小高い丘がある。その辺一帯は、あんずの里運動公園である。その小高い丘に、なにやら展望台のような建物がある。階段を上がると、遠く玄界灘を望むよ

「ふるさとレストランあんず」。いつもアツアツの料理が並ぶ。

「はじめ、入口で『子供向けのメニューがないますが、入ってみれば、子供が野菜をどんどん食べる姿に驚かされます」

こうして、農家のお母さんたちが夢に描いた施設は実現し、夢は叶った。今でもお客様の大きな支持を受けて、直売所とレストランは週末には満員になる。

農家レストランこそインキュベーション(孵卵器)

政府が、予算をつぎ込んで、ベンチャービジネスの育成、産業界の活性化と、次世代ビジネスの育成のためである。

ベンチャービジネスとは、その名のとおり、ビジネスになるかならないか、海のも

うに作られた「ふるさとレストランあんず」だ。周辺は4000本のアンズの木、春にはアンズの花が満開になる。その頃、この公園はアンズの花見客で一杯になる。

筆者が訪れたのは1月下旬。当日は寒かった。でも中に入ってみると、テーブル一杯にホッカホッカの野菜料理が並んでいる。

カリフラワー、ブロッコリー、ホウレンソウなど旬の野菜や、海草の酢味噌あえ、野菜鍋、野菜焼きそば、豆腐の中華あんかけ、コマツナの煮びたし、ハクサイ漬けなど。ホウレンソウやシュンギクの白あえ、野菜カレーや野菜のかき揚げ、地鶏の唐揚げ、キャベツとトマトのチーズ焼き。ごはんは、白ごはん、じゃこ飯、紫米にワカメごはん、ちらし寿司、そして豚汁。料理をお皿に取っていただいた。

口の中にハクサイの甘みが広がる野菜鍋。まろやかな、ホウレンソウの白あえ。化学調味料を使わず、本物の野菜の味を追求する

第1章　そうだったのか!!　農家レストランの真実

とも山のものともわからない不確かな存在。事業資金もなければ、人材もいない、脆弱な体質の事業体のことをさしている。こう考えると、それは農家レストランのことのような気がしてくる。

しかし歴史をひもとけば、その中から未来のビッグビジネスが、必ず誕生している。エジソン博士も、マイクロソフトのビル・ゲイツ氏も、もともとは無名のベンチャーであった。こうした未来ビジネスを育成するために、ベンチャービジネスの保護・育成機関が存在する。「インキュベーション」と呼ばれる施設である。

鶏の卵を温めて孵化させる役割に似ているために、「孵卵器」とも呼ばれている。

農村における農家女性たちの自立を支援し、そこから新しい農村ベンチャービジネスを立ち上げるためのインキュベーションの役割を担っている。

女性たちは永い間、封建的な農村で日の目を見ずに生きてきた。しかし、高齢化・過疎化が進行し、政治色の強い政府補助金がカットされる中で、男たちは基盤を失い主役の座を明け渡している。

世の中を見渡してみても、人間の生命を養う「食」の仕事は、自ら出産し、子供を育ててきた、「命」をつかさどる仕事をしてきた母親たち、女性たちにこそ、任せるべき仕事である。

女性の時代である。農村女性が主役に躍り出る時代でもある。

その象徴が、農村ベンチャービジネスを育成し、新たなるビジネスを生み出すインキュベーション。それが農産物直売所と農家レストランに違いない。

ビジネスモデルとしての農家レストラン

直売所とレストランが農村経済活性化の起爆剤に

農産物直売所と農家レストランが持つ、農村経済活性化の意義について述べたい。

つい最近まで、日本全国の今まで田んぼだったような場所に、巨大なショッピングセンターが開設され続けた。

核になっているのは、主にイオン系の大型スーパーである。10万㎡近い売場面積に2000台を超える駐車場。そんな巨大な商業施設が、今まで田んぼだったような田園地帯に、忽然と姿を現した。

アメリカ型の大型ショッピングセンターである。

「買い物や生活が便利になる！」

本当にそうしたことだけで、こんな巨大な商業施設が必要なのだろうか？

このショッピングセンターが、地元にとって大きなメリット（利益）なのだろうか？

筆者は考える。メリットよりも、むしろデメリット（不利益）のほうが大きいのではないか？

この巨大なショッピングセンターは、商店街や個人商店に甚大な影響を与えただけでなく、地域経済にも大きなダメージを与えてきた。

この手のショッピングセンターは、年間売上高100億円から200億円。その地域を中心に100億円を超える現金が吸い上げられ、大半が東京に運ばれる。

地元にはわずかに、社員、パート&アルバ

32

第1章 そうだったのか!! 農家レストランの真実

地方郊外に建てられた、米国型の巨大なショッピングセンター

イトの賃金が落ちるにすぎない。清掃やメンテナンスも東京の大手スーパーの関連会社が担うため、地元には回ってこない。たまに声がかかっても、大した仕事ではない。そのため、地元との商取引はほとんどない。

地元の食材を使うこともない。

こうして、地元からは年間100億円以上の膨大な現金が吸い上げられ続ける。

小泉改革で公共工事もストップ。財政赤字で補助金も削られ、町村合併で行政サービスも低下。こういう状況下で、農村に回る金はほとんど皆無となっている。

それに反し、農産物直売所や農家レストランは、地元に金が落ちる唯一の仕組みだ。

地元の農産物が売れれば、地元の農家の収入が増大する。地元農産物を加工し、エゴマ製品のように大ヒットすれば、地元の零細製造業者も潤う。忙しいので雇用も増える。所得が増えれば

税収も増える。農家レストランも、地元の食材を使い、地元のスタッフを雇用して活性化の一翼を担う。いわゆる第一次産業と第二次産業、第三次産業まで連携する「六次産業化」がこれである。

「食」の安全・安心の追求という、時流に乗っているので、テレビなどのマスコミも大いに宣伝してくれる。そうなると、広告代もかからない。

こうして、農産物直売所と農家レストランは、寂れ行く農村経済の活性化に、大いに貢献する存在として脚光を浴びている。

限界集落化し、寂れ行くわが国農村社会。そこで最後のビジネスモデル（優れた事業モデル）となっているのが、農産物直売所と農家レストランなのだ。

だから、農家レストランは面白い。農産物直売所と農家レストランこそ、農村経済活性化の切り札に違いない。

近代的な農産物流通の矛盾と問題点

農産物の流通の実態をご存じだろうか？　田畑の隅にどさっと捨てられている農産物を目にする。季節によってはトマトであったり、ダイコンであったり、キュウリ、コマツナ、ハクサイ、キャベツ、ニンジンなどである。

捨てられている農産物をよく見ると、皆不格好な姿をしている。これがいわゆる「規格外農産物」である。

スーパーに並んでいる農産物は、皆きれいな格好をしている。

農産物には厳格な規格（主に形と重さ・色つや）があり、その規格に合わない農産物は捨てられる運命なのだ。

規格外農産物は、農協（ＪＡ）で選果され卸売市場に出荷されることはない。永年このような考えで農産物の仕分けが厳格にされてき

第1章　そうだったのか!!　農家レストランの真実

たお陰で、農家の意識も「形の悪いものは売りものにならない」「形の悪い農産物は駄目な農産物だ」と決めつけるようになっている。

その結果、不格好な農産物は、田畑の隅に無残に捨てられているのである。

居酒屋チェーンの「和民」の関連会社、農業法人「ワタミファーム」がある。このワタミファームの2010年度農産物収穫量は677t、規格に合わなかったり傷がついていたりして、廃棄された農産物は139tにのぼるという記事が雑誌「日経MJ」に載った。

この記事を読み、計算してみると、なんと収穫量全体の20％を廃棄していることになる。これが、廃棄農産物の実態である。

素人のわれわれから見たら、「形は不格好でも新鮮で味は変わらないのに、なんてもったいない……」と思うのだが、合理化された物流システムに乗せるには、規格が不ぞろいの規格外農産物は邪魔者でしかない。

しかし、よく考えてみよう。本当にこれでいいのだろうか？

自然の産物に、なぜ工業製品のような「規格」を持ち込んで、規格外の農産物を無駄に廃棄するのだろうか？　あまりにももったいない、愚かな行為ではないだろうか？

農家がきれいに整った農産物ばかり選別出荷しても、スーパーで売られている値段の30％程度しか、農家に現金は入らない。

スーパーで3本100円で売られているキュウリの、農家の出荷価格は30円程度なのだ。

農家にとっては、全体収穫量の20％を廃棄し、苦労してきれいな形のよい農産物だけを厳選出荷しても、手元に残るのはわずかな金額……。

だから、多少形が不細工でも、おいしい農産物が飛ぶように売れる農産物の直売は、農家にとってまさに青天のへきれきだった。直販は貴重な現金収入となる。

これで100円。友人のレストランに近くの農家の奥さん持ち込みの規格外農産物

一方、規格外農産物は、地元産食材をふんだんに使用する農家レストランにとっても、大いに活用すべき食材となる。

規格外農産物は、形は不ぞろいで、見た目は悪いが、料理に加工すると、まったく問題なくおいしい食材だ。

また、収穫量が少なく、不格好で規格に当てはまらない農産物、「地野菜」の活用も考えよう。

昔から細々と、一部の農家だけで栽培されてきたこれらの農産物は、不格好で市場にも出荷できず、永年光が当たらなかった。

地野菜は、近代的農産物流通に乗らない食材、農村の貧しい時代の食材でもある。

しかし最近、地野菜は、生活習慣病や糖尿病などの成人病に効果があるとされ、含まれる健康機能成分が脚光を浴びている。

地野菜は、「菊芋」「エゴマ」「こっち大根」「塩ねぎ」など、全国各地に無数に存在する。

これらの、健康に非常によい地野菜を活用

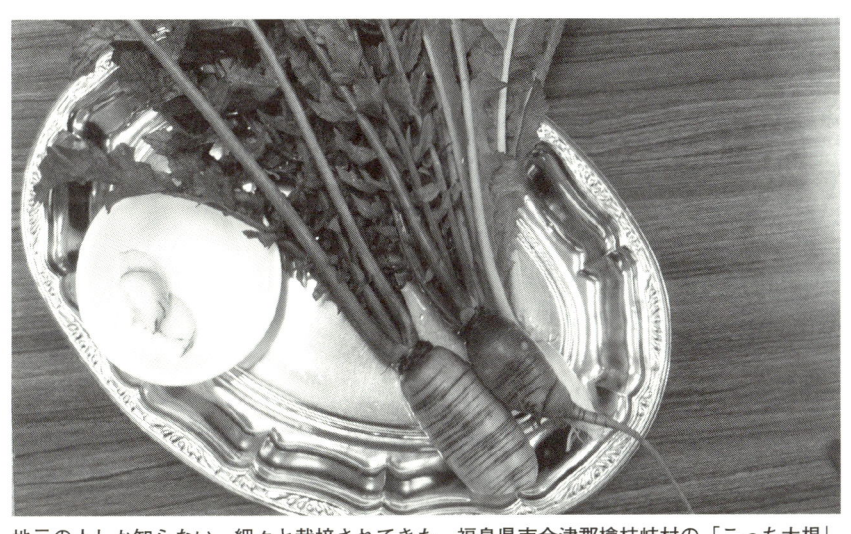

第1章　そうだったのか!!　農家レストランの真実

地元の人しか知らない、細々と栽培されてきた、福島県南会津郡檜枝岐村の「こっち大根」

して、ほかにない名物料理を工夫してみるのも面白い。

今まで述べたように、近代流通システムは、大きな矛盾を内包している。

しかし、この矛盾を逆手にとり、規格外農産物や地野菜を、農家レストランで大いに活用してみてはどうだろう。

この資源の有効利用こそ、グリーンツーリズムの精神にのっとった正しい道に違いない。

農村経済の明日を担う 直売所と農家レストラン

農家レストランの第一の役割は、農村経済の活性化である。

すでに述べてきたように、特に、地場産の食材には、農協の共販に出せない規格外農産物が大量にある。これを大いに活用すべきなのだ。

こうした規格外農産物や、地野菜、珍しい山菜など、今までは光が当たらなかった地元の食材を活用することで、農村経済は大きく発展する可能性を秘めている。

福島県南会津郡下郷町では、エゴマ（地元では「じゅうねん」と呼ぶ）を活用した特産品づくりが盛んである。

「じゅうねんうどん」や「じゅうねん饅頭」「じゅうねん焼酎」「じゅうねんカリン糖」「じゅうねんラーメン」「じゅうねん餃子」など道の駅などで飛ぶように売れている。

直売所と農家レストランが担う、農村経済活性化の第一が、こうした地場産の農産物の大いなる活用である。

直売所や農家レストランの、農村経済活性化の、第二の役割は雇用の創出である。

直売所は基本的にセルフサービスである。だから、年10億円売る直売所でも、レジ担当者や売場担当者を雇用しても、多くの人手を必要としない。

見直されている地元の野菜、自生しているエゴマ（じゅうねん）

エゴマから製品化された、じゅうねん焼酎、じゅうねん油（エゴマ油）、じゅうねん製品

繁盛している農家レストラン。福島県南会津郡下郷町「蕎屋（きょうや）」

第1章 そうだったのか!! 農家レストランの真実

の結果、今日の農産物直売所の隆盛と、農家レストランの繁盛を招いた。

当然、農産物直売所と農家レストランの人手が不足する。そして雇用が増える。

農家レストランの中心メンバーは、農村のお母さんたちである。これらの人々は、大変な働き者で、実質的に農村を支えてきた屋台骨だ。

しかし、閉鎖的な農村社会で認められることは少なかった。

農家レストランで働き、現金収入を得れば、農村でも光り輝く存在になる。

ちょうど団塊の世代（昭和20年代前半に生まれた人々）に相当するお母さんたちが、子育てを終えて主役の座に躍り出る時期がめぐってきたのだ。

地元産品をいかし、雇用を生み出す農産物直売所と農家レストラン。

これらの施設こそ、まさにこれからの農村経済の活性化を担うスターたちに違いない。

まして、農産物の陳列と管理は、ほとんど出荷者である農家自身が行うから、売場にそれほど人手を必要としない。

しかし、レストランは違う。調理をどんなに合理化しても、刻んだり煮たり焼いたりの仕込みをしたりは、すべて人の手で行っている。レストランのホールも、人手がかかる。ご案内したり、会計したり、注文を聞いたり、配膳したり、これも全部人の手で行う。

このように、農家レストランは何しろ人手がかかる。つまり雇用が増えることはなかった。

バブル崩壊以来、昭和60年代、国内大手製造メーカーの工場閉鎖が相次ぎ、その結果、下請け、関連企業も含め、地方都市の工業団地から工場や事業所が消えた。

農村から働きに出ていた従業員も、働き口を失い、農村に帰らざるをえなかった。

同時期、「食」の安全・安心を求める消費者が、「地産・地消」を求め農村に注目。そ

39

第 2 章

安心・安全の名物料理を創りだすまで

子供の頃、運動会や遠足で食べた懐かしい海苔巻きの味

おいしくて安心・安全、人気料理を創りだす

あまりお勧めできないバイキング式料理

さて、農家レストランの具体的な繁盛方法について述べることにしよう。

まず、繁盛条件の第一は料理である。

現在わが国の農家レストランは、2000軒近く存在すると思われる。その30～40％程度が、「バイキング式」と呼ばれる食べ放題のレストランである。

「バイキング」とは、昔、北欧の港町でバイキング＝海賊たちが、いろいろな食べものを豪快に食べているような食事の様子、形式からつけられた和製英語である。

この「バイキング式農家レストラン」は、自然発生的に生まれてきたレストランである。

大分県日田市の大分大山町農協が始めた農産物直売所、「木の花ガルテン」に併設された「オーガニック農園」がその起源であるとされている。

当初、畑の真ん中の直売所に隣接した農家レストランが、素朴な家庭料理の食べ放題を始めた。

なぜ、食べ放題だったのか？　それは、プロの調理師などいない、看板料理も何もないなかで、素人の農家のお母さんたちが、試行錯誤で始めた飲食店だったからだ。

「こんな家庭料理でいいのかしら？」という不安から、それならいっそ、「農家のお母ちゃんたちの家庭料理ですが、食べ放題にして、気兼ねなく、何杯でもお代

第2章 安心・安全の名物料理を創りだすまで

料理の残りが、閉店後に生ゴミになりやすいバイキング方式

わりして、おなかいっぱい食べてください！」となり、食べ放題＝バイキング式となったのだ。

素人らしい発想だが、これが消費者に大受けした。

農家レストランを開業しようとする志のある人々は、みなこのバイキング式農家レストランを見学に行く。

そして、「この程度なら、私たちにもできるわ！」となり、農家レストランの30〜40％がこの方式を取り入れている。

しかし最初の事例で述べたように、このバイキング式農家レストランには大きな問題点がある。

残った料理が、大量の食品残渣＝生ゴミとなり、その損害（ロス）ゆえに、せっかくの利益が吹き飛んでしまうのである。

食べ放題は、さまざまな料理がいつも豊富に並んでいるものだ。だから、終了時間近くだからといって、料理を品切れさせるわけに

はいかない。バイキング式の辛いところだ。その結果、大量の料理が閉店後に残ってしまう。

農家レストランには、グリーンツーリズムの精神が背景にある。閉店間際にあまったからといって、残った料理を廃棄したり、翌日また再利用してもよいものだろうか？

また、自信がないから、前述した農家レストランのように、食べ放題90分、料金を800円などと破格の安値にしてしまっている。結果、バイキング式農家レストランの大半が、利益が出ないという現実に突き当たっている。

バイキング式が駄目なら、どうしたらよいのだろうか？

「私たち、家庭の主婦だから、農家レストランをやるとしても、本職のコックさんのようにしゃれた料理なんかできません」

でも、そう思いこんでいるのは本人たちだけで、田舎のおいしい空気と、新鮮な食材、

懐かしい郷土料理を求めてくる都会の人たちには、その農家の手作りの家庭料理だけでも十分満足なのだ。

この事実を知るために、宮城県仙台市郊外にある、農家レストランを訪ねて体験したことを述べたい。

田舎の素朴な料理を求めお客様は遠くからやってくる

仙台方面で、取材先の農家レストランを探してたどり着いたのが、「秋保ベジ太倶楽部・農家のレストラン」だった。

12月の末、ひどい嵐の日だった。

JR仙山線の愛子駅でタクシーに乗り、場所を伝え、「3000円くらいで行ける？」と運転手さんに聞くと、タクシーは急停車。

「お客さん、その場所ならその倍、6000円くらいかかるけど、行きますか？」

エーッと思ったが、予約してあるし、行か

第2章　安心・安全の名物料理を創りだすまで

ないわけにはゆかない。

そこは、秋保温泉から10km奥に入った山奥だった。

約80種類の野菜をすべて無農薬・無化学肥料栽培で生産する、仙台市太白区の大滝自然農園は、時代に先駆け、30年前から無農薬に徹した農業を続ける。

佐藤茂さん・秀子さん夫妻と、家業を継ぐ二人の息子さんが営んでいる。秀子さんは農家レストランを経営し、秋保の野菜の魅力を発信している。

さらに、茂さんから無農薬・無化学肥料農業の指導を受けた人たちが、同じ秋保の地で就農し、将来〝秋保を有機の里に〟の合言葉のもと、「安全でおいしい野菜を多くの消費者に届けたい」と意気込んでいる。

この農家レストラン「秋保ベジ太倶楽部」のすごいところは、お店で出すお膳の値段である。私がいただいたのは「ふるさと膳」2100円である。

宮城県、秋保温泉から10km奥にある秋保ベジ太倶楽部の建物

30年前から無農薬、無化学肥料による農業を生業としている佐藤秀子さん

自家栽培の野菜をふんだんに使った「ふるさと膳」、一日限定20食

ほかに、「山の幸膳」3150円、別注の「ベジ太弁当」1050円もある。

売れ筋は「ふるさと膳」。

平日限定で20食だが、すぐに売り切れるという。

オーナー佐藤秀子さんは言う。

「私たち、もう30年も有機野菜作りをしていますが、今の野菜は品種改良された別物です。昔の品種と、懐かしい味のする野菜だけを私たちは作っています。

クリスマスだからって、温室でボイラー焚きながら作ったイチゴなんか、あれ果実じゃないですよ……。今の農業は、お客に無理に迎合して、不自然なことばかりしているから、地球環境が破壊されるのですよ。

私この集落じゃ浮いてます。周りの農家の人たちには、私たちがやっていること、理解できないんじゃないですかね」

つまり何を言いたいのか？

この農家レストランの売れ筋「ふるさと膳」2100円は、なにも特別な料理ではないということである。

お母さんたちが作る、心のこもった素朴な田舎料理こそ、今の都会のお客様が求める本当の「味」なのだ。

もう一つ例を話そう。

これは、田舎料理のその「田舎らしさ」こそ、実は都会のお客様にはご馳走なのだということ。

ある日、高名な郷土料理研究の先生の、長野のご自宅で、お料理をいただいたことがある。

料理を食べている私たちに先生は、

「こんな田舎の味噌料理、いかがですか？手作りの田舎味噌ですから、大豆や麹がそのまま入っています。滑らかじゃなく大豆や麹がブツブツして食べにくいですか？」

と聞いてきた。

筆者は、味噌汁に入っている、大豆のブツブツした粒こそ、本物の手作り味噌に違

第2章　安心・安全の名物料理を創りだすまで

本来の食に味噌パワーあり!!

いなと思い、あまりにも美味なので、お代わりしようと考えていたのである。

つまり、ここである。

田舎のお母さんたちは、自分たちが作る田舎料理なんて、都会で洗練された人々の口に合わないと考えている。

しかしそれは、大きな間違いだ。

普段我々が口にしている味噌、特に味つき味噌などは、本来の味噌とはまるで違ううまい味噌となって食されている。

味噌は、煮大豆と麹から作られるわが国の伝統的な発酵食品だ。

ところが、こういった昔からの味噌は、現代消費者には厄介なものである。本来の味噌につきものの「におい」と「発酵」に原因がある。

味噌の中に練り込まれた麹は、カビ臭さを出す。発酵し、ガスが生まれる。そのため、味噌の包装用パッケージは膨れ、見栄えが悪く売りものにならない。

おいしさ……「味」とは何か？

筆者が考える、農家レストランのおいしさの基準を、大きく分けて三つある。「食前味」と「食味」と「食後味」である。

「食前味」、つまり食べる前の味という意味だ。故郷へ帰るとき、素朴な田舎料理、子供の頃食べた懐かしい味、おふくろの手作り料理に再会できると考えるだけで、もうよだれが湧いてくる。

観光地の農家レストランへ行く場合もそうだ。食べる前に、パンフレットやウェブ情報、雑誌の記事などを見て、頭の中でおいしいイメージがかたち作られ、想像の中でその料理と雰囲気を味わっている。

これが、食べる前に味わっている味、つまり「食前味」である。

次は「食味」。

ゆえに加熱殺菌し、ガスもにおいもない、おまけに味まで人工的に調味料が添加された、便利な味噌となってスーパーで売られている。

O—157（病原性大腸菌）が猛威をふるった年、麹菌の有用性を嫌と言うほど学んだ。

田舎で本物の味噌を食べている子供たちに、誰一人O—157の被害者はいなかったといわれているからだ。

麹菌と乳酸菌が、O—157に負けない働きを、腸内で行い滅菌してくれていたからである。

こうしたことを知っていれば、本物の手作り味噌が持つ、「カビ臭さ」や「発酵時に出るガス」を、むしろ健康とおいしさの証と感じ、素晴らしい副産物と感じ、本物のおいしさを感じることができるのである。

食べ物本来のおいしさとは……、こういうことなのだ。

第２章　安心・安全の名物料理を創りだすまで

これは実際お店に入って、料理を食べて感じる味のことである。

ああ本当においしい、味がいい、コリコリしているとか、温度がいいだとか、まろやかだというような「実際に食べてみたら、本当においしかった！」という味が「食味」である。

そして最後に「食後味」。これはお会計のときに味わえる。食べてみた・おいしかった・雰囲気もいい、食前味も食味も満点だ。

お会計をしたら、「こんなにおいしくて、雰囲気もよくて、それで一人１５００円？　いや〜２５００円くらいの価値があるね」ということになれば、食後味も満点だ。

以上、味というものの評価はこの「食前味」「食味」「食後味」の三つの満足度の合計で決まるのである。

だから、「おいしい」「おいしくない」という曖昧で単純な基準で、農家レストランの料理を考えてはならない。

そしてもう一つ。農家レストランを計画するときに、陥りやすい誤りについて指摘したい。それは「メニューの安さ」である。

「安いほうが、お客様が喜んでくれる」などと単純に考えてはならない。

現在、外食チェーン店は、どこも安売り合戦に巻き込まれ、値下げ競争を繰りひろげている。

しかし、それは、あくまで都会の外食チェーンの話で、農家レストランの話ではない。

こんな田舎にわざわざやってくるお客様が、本当にそんな、ただ単純に「安ければよい」という陳腐な安さを求めてきているのだろうか？

農家レストランの使命は、もちろん「安さ」ではない。

安全・安心の食材を使用した料理、懐かしい郷土料理、素朴な人情の機微に触れながら食べる、自然の中での食事体験。これが農家

49

レストランに求められている「本当の味」、味わう……。自信を持とう。農家のお母さんたちが作っている素朴な家庭料理、さらに連綿と受け継がれてきた郷土食。それが最高なのだ。それらの食事だけでお客様は、十分に満足なのである。

本当の味、本当の味を求めて、多くの人々が農家レストランにやってくる。このことを深く胸に刻もう。

安いだけでは駄目なのだ。

農家レストランは、お客様に幸せを届けるレストランである。

安全・安心の地域の食材を使い、田舎の素朴な環境の中で、手作りの、おいしい料理を

「本来の味」なのだ。

大都会で、安売りに明け暮れる大手チェーン飲食店（東京都新宿区）

外食チェーン店の安売り競争。牛丼店の安売り

飲食店の裏、食材を輸入しながら、その20％を生ゴミで捨てている現実

50

知っておきたい メニュー作りの基本原則

まず、名物料理を創りだそう

農家レストランが繁盛する条件として、一番肝心なのが「素晴らしい料理」の提供である。

この優れた名物料理を、わが店を代表するものとして、「フラッグシップメニュー＝旗艦料理」と呼んでいる。

「私たち素人に、そんな素晴らしい名物料理なんて作れません！」

お母さんたちがため息をつく……。

お母さんたちがイメージしている料理は、東京の一流ホテルの有名料理長が調理する料理だ。

筆者が言っている「素晴らしい料理」とは、そんな料理ではない。もっと身近にある、手作りの家庭料理なのだ。

そんな家庭料理が、わが店の代表的な名物料理になるのだろうか？ その事例をお話ししよう。

日本のへそと呼ばれる山間地、兵庫県多可町（たか）。人口2万人の田舎町のはずれに、「マイスター工房八千代」がある。

この店は、寿司や漬物などの惣菜を加工・直売する、地元の女性たちが運営する惣菜店にすぎないが、週4日営業で、毎月1000万円以上を売り上げ、年間1億円以上の売上をあげ続けている凄い店である。

ここは、もと農協の支所があった場所だ。地元の女性グループ23人が、その施設を活用

してお店を開いているが、周りは山で、人家がまばらにあるような寂れた場所である。

そこのこの「鯖寿司」（一本450円）が、なんと、一日1000本も売れているのである。

「鯖寿司」は、子供の頃楽しみにしていた、あの太巻きの海苔巻き寿司である。運動会や遠足、年中行事のご馳走、母さんが巻いてくれた、あの黒々とした海苔巻き寿司。中に太いキュウリや、ピンクのデンブが入り、甘辛く煮たかんぴょうや、玉子焼きも入っている、まさにご馳走だった懐かしい寿司。それがこの「鯖寿司」だ。

この太巻きの海苔巻き寿司は、間違いなくこの店の名物料理である。

店頭に、名物「鯖寿司」の食べ方が書いてある。

「太巻き一本につき、卵焼きは卵一個、キュウリは縦半分に切って二分の一本を使います。卵焼きは香ばしさを引き出すために、わ

兵庫県多可町。日本のへそと言われる田舎で大繁盛「マイスター工房八千代」施設長

「マイスター工房八千代」で、一日1000本売る名物料理「鯖寿司」一本450円

周りは緑豊かな山、そんななかに「マイスター工房八千代」の開店前の行列

第2章 安心・安全の名物料理を創りだすまで

ざと焼き目をつけているので、よくアナゴと勘違いされます。具の味が濃いので後味がサッパリします」

実際に食べてみると、濃いめの味つけのシイタケ、甘酸っぱい〆鯖、少し焦げめがついた卵焼き、甘いデンブ、最後にみずみずしい大ぶりのキュウリ。爽やかさが口の中に広がる。

昔懐かしい、あのお袋の味、太巻きの海苔巻き。それに、多少のオリジナリティを加えて、手作りしたものだ。

つまり、これが名物料理だ。

何も特別なことはない。これなら、田舎のお母さんたちの誰もが生みだすことができるものだ。いや、お母さんたちが毎日作っている、得意な料理ではないか。

名物料理は誰でも生みだすことができる。しかし、それには以下のような原則を踏まえることが必要だ。

◆農村で毎日普通に食べられている、ありきたりの家庭料理でよいが、都会人には感動料理でなければならない

◆今はもう田舎でも、めったに食べられていない昔懐かしい郷土料理がよい

◆この郷土料理を、現代風にアレンジしてもよい

◆料理創作のキーワードは、「自然」「新鮮」「素朴」「手作り」「懐かしい」「健康に良い」「美容によい」「安心・安全」である

◆安心・安全、新鮮な農産物、山間地で採れた野草や山菜、農村ではありきたりの自然食材であっても、都会人には珍しいものであればなおよい

◆食材原価率が30％程度で、付加価値の大きな、利幅の大きな創作メニューが望ましい

農家レストランのお母さんたちが、「人前に出せる料理なんか、私たちには作れない」と考えていることは十分に承知している。

でもそう思っているのは本人たちだけで、田舎のおいしい空気と、新鮮な食材、懐かしい郷土料理を求めてやってくる都会の人たちには、その農家のお母さんたちの家庭料理でも十分満足なのだ。

「あの農家レストランの、あの料理を食べたい！」

お客様にそう言わせるような、そんな名物料理を、ぜひ、みんなの知恵で生みだしてもらいたい。

食材費・人件費の60％原則は飲食業の黄金律

飲食店の経営は、「頭」でするものと教えている。情報を収集し、知恵と工夫で新メニューを開発し、そして数字で経営を考えながら、お客様の満足を追求するのが、レストラン経営の基本である。

実は、これから述べることが本書の核心部分である。

飲食店の料理の原価率は、実は30％である。この話を、農家のお母さんたちや素人同然のお母さんたちが集まる講演会で話すと一瞬戸惑いが走る。

しかしこのことは真実なのだ。一般の人々は知らないだろうが、売価500円のラーメンの原価は150円程度である。

飲食業経営には、大原則がある。

飲食業のコスト（経費）には二大費目がある。それは、フードコスト（食材費）とレイバーコスト（人件費）である。

これを、フードの「F」とレイバーの「L」をとり「FLコスト」と呼称している。

このFLコストが、対売上比で60％以内におさまらなければ利益は出ない。

FL＝60％原則は、飲食業の黄金律である。

ではF（食材費）とL（人件費）それぞれが、きっちり30％ずつでなければならないの

第 2 章　安心・安全の名物料理を創りだすまで

飲食店の目標とする理想的な経費率

費用項目	内容	対売上比率
食材費	仕入れ食材費 仕入れ飲料費 副食材費（調味料など）	30%
人件費	正社員人件費 パート・アルバイト人件費 福利厚生費（各種社会保険など）	30%
家賃	賃貸費 共益費（供用部負担など）	8%
水道光熱費	電気 ガス 水道	6%
諸経費	修理費（機材の修理費など）	1%
	消耗品費（調理・ホールの備品）	2%
	販売促進費（広告など）	3%
	雑費（洗濯代、交通費など）	1%
	その他費用（各種会費など）	1%
減価償却費	投資回収	8%
	経費合計	90%
	営業利益	10%
	総合計	100%

かといえば、そうではない。FLコスト合計で60％以内におさまるのが理想なのだ。

たとえば焼肉店などでは、肉の原価が高くなるのでFコストは、40％前後となる。

しかし、ほとんどの焼肉店では、お客様自身が肉を焼くことにより、人件費はその分下がり、Lコストが20％におさまるので、FLコスト合計で60％となり健全な経営が成り立つのである。

回転寿司も同じである。原価が高くなりがちなので、その分、人手を省いてセルフサービスにしている。

それができない寿司専門店で食事すると、目の玉が飛び出るような値段になる。

農家レストランも飲食業だから、この原則どおりに経営しなければ、すぐに赤字に陥ってしまう。

農家レストラン経営に携わる大半の人々は農村の家庭の主婦である。つまり、飲食店経

農家レストランの食材は原価率30％以内でおさめる

農家レストランの経営に携わる人々が、飲食業の基本を知らない、そのことによって大きな困難＝赤字経営に突き当たっている。

以前にも述べたが、「飲食店を経営して、儲けを生み出す」というのは、何も後ろめたいことではない。

農家レストランに携わる人々に、十分な給与を支払い、家賃などの運営経費を捻出して、最初にかかった投資資金を回収し、経営を継続して成り立たせることが重要なのだ。

そのため、「適正な利益」を生み出せるように、食材費を売価の30％におさめなければならないのである。

農家レストランの現場に行ってみると、料理の値段が極端に安いところが多い。普通の食堂よりも安い例がある。こんなことをしているから赤字経営になり、ボランティア＝労働奉仕になっている。

農家レストランの経営主体が「主婦の集まり」であることも原因だ。

主婦は永年、家族の生活を守るために、「安い食品はないか？」「安い掘り出し物はないか？」と探し求めてきた。新聞に折り込まれる、スーパーの安売りチラシを入念にながめてきた。その習性から、農家レストランの料理価格は、なるべく安くなければならないと思い込んでいる。

現在、外食チェーン店は、どこも安売り合戦に巻き込まれ、料理メニューの値下げ競争を繰り返している。

大手チェーン店は安売り合戦で、どこも食材原価率が高い。しかしその分、人件費を大幅に削減している。

数年前、ある飲食店の店長が過労死した。「偽（にせ）管理職問題」としてマスコミを賑わせた。

第2章　安心・安全の名物料理を創りだすまで

つまり店長は管理職だから、残業代は支払われないというチェーン本部の言いわけだった。

安売りチェーン店の従業員は、ほとんどアルバイトである。ある牛丼店では、アルバイトだけで24時間営業している。

これも、L（人件費）コスト削減の手法である。つまり、安売りで食材原価が上がった分、人件費を大幅に下げてバランスを取っているのだ。しかしそれは一般の外食チェーンのことである。

農家レストランは、そんなことをしてはならない。利益のある適正なメニュー売価を設定しなければならない。

ターゲットを明確にすれば進むべき方向が見える

お客様は、なぜレストランに来るのか？　答えは簡単。食事をしに来る。であるなら、おいしい料理とあたたかいおもてなしで

迎えれば、お客様は満足するに違いない。マーケティングという学問では、店が狙っている客層のことを、ターゲットと言う。

わが農家レストランの客層が誰なのか？　それを明確にして、農家レストランを運営しなければ、中途半端なものになってしまう。

農家レストランのターゲットは、間違いなく30歳～60歳代の、女性たちである。

農家レストランを運営するのは同じ年代の女性たち、来店するお客様も同じ年代の女性たちだから、彼女たちの望むものがわかる。

彼女たちの一番の関心事は、「健康」と「安全・安心」である。

今まで論じてきたように、「食」の安全が脅かされている現代、それを一番憂いているのがこの年代の女性たちだ。

自分や家族、子供たちやご主人の、食生活と健康が心配なのだ。

だから、製造日を気にし、産地を気にし、製品内容に気を配る。安全・安心な食材を求

150年続く農家を改造した「古民家レストラン独鈷」の自然薯料理「鳥待膳」2500円

有機野菜と自然薯料理の店「古民家レストラン独鈷（どっこ）」、奥座敷の客席風景

め、有機・低農薬野菜、新鮮で採れたて、生産履歴がしっかりした野菜や農産物を豊富に販売している農産物直売所に彼女たちが押し寄せるのも道理だ。

直売所での買い出しは、ちょっとしたレジャー。観光地に立ち寄ったり、ドライブして、そして農家レストランで一休みがてら食事となる。

だから、健康な食事をして、幸せな気分になれれば、農家レストランのメニュー価格にはあまりこだわらない。時には、結構な値段の料理に注文が入る。

例として、仙台・秋保の農家レストランの2100円の野菜料理お膳や静岡県富士宮市郊外の本格的フレンチレストランの料理があげられる。

農家レストランでは、決して安売りしてはならない。

それが通用するのは、都会では得られない特別な満足感があるからだ。農家レストラン

第2章 安心・安全の名物料理を創りだすまで

のスタッフは自信を持とう。自分たちのやっていることが、今、正当に評価を受ける時代となった。

ますます、農家レストランにはチャンスの多い時代となってきた。

このことをしっかり肝に銘じよう。

農家レストランでは、素朴な田舎料理で十分なのだ。しかし、その素材は安全・安心なものでなければならない。そして、健康や長寿に貢献する、機能性豊かな自然食材が求められている。

それらの料理や食環境を提供できる唯一の存在、これこそ本物の農家レストランに違いない。

農家レストランのメニューレシピ例

今までは文章で、農家レストランの名物メニューを「こう作れ！」などと述べてきた。

では、どのような料理がそれにあたるのか？ 具体的なメニューを事例として掲げながら、詳細を説明しよう。

今回、例としてあげた料理は5種類。使用した食材は、どれも地元で採れた安全・安心な食材である。その食材を、どのようにアレンジし、調理すればよいのか教示したい。

●蕎麦粉のガレットと蕎麦ニョッキ・スープ

蕎麦粉料理は、フランスでよく食べられている。ただし、日本のように粉をこねて、薄く延ばしてカットし、湯がいて「麺」として食べられているわけではない。おもに「ガレット」と言って、クレープのように薄く焼いて、いろいろな具材を巻き込んで食べるのである。

発祥は、フランス北西部のブルゴーニュ地方。蕎麦粉に水と塩を混ぜ、ガレトワールと

いう、ふちのない大きなフライパンでクレープ状に焼き、目玉焼き、ハム、チーズ、それにトマトなどの野菜を添えて、オリーブオイルで食べるもので、フランス風ファストフードである。

ガレット料理だけでは淋しいので、蕎麦粉とジャガイモを練り込んだ、イタリアンパスタ、ニョッキを茹でて、チキン・スープに入れたものを添えてみた。

ニョッキは、マカロニのようなパスタで、つなぎにジャガイモと小麦粉を使うのが特徴。

このメニューを採用してもらいたいのは、蕎麦料理がメインの農家レストランである。

蕎麦料理は、自家製製粉だ、石臼挽きだ、水車小屋で挽いた地粉だ、つなぎなしの十割蕎麦だと、盛んにPRしても、今時のお客様はあまり驚かない。

それよりも、「ガレットです」とお出ししたときに、「エッ、これ蕎麦粉なの?」と驚かれるほうが多い。またイタリア料理では定番のニョッキも、蕎麦粉で作ったニョッキなんて、めったにお目にかかれないので、お客様は驚きながら、感動して召し上がっていただけるに違いない。

もちろんこの料理は、蕎麦がメインの農家レストランばかりでなく、ガレットに甘い蜂蜜やブルーベリー・シロップをかけて、野菜料理のデザートとすることもできる。また、こうした演出があって初めて、ある程度の高単価も設定できるというものである。

●むかごと菊芋のカレーライス

山芋や自然薯のツルにできる、山芋の赤ちゃん=「むかご(零余子)」をご存じだろうか? 山芋栽培農家は、小さくてポロポロするむかごは収穫しない。日持ちもせず、手間がかかるために、畑に放置されている。

第2章　安心・安全の名物料理を創りだすまで

料理レシピの例　1

蕎麦粉のガレット、蕎麦ニョッキ・スープ

料理のワンポイント

　蕎麦料理は、日本だけのものではない。古くから、ヨーロッパ各地で食されてきた食材である。ただし、日本のように粉を水で練って、それを細く切り、湯がいて麺にして食べるやり方ではない。この「ガレット」という料理は、蕎麦粉を薄く生地にして、フライパンでクレープ状に焼いたものである。この蕎麦クレープに、茹でた野菜や焼いた食材を巻いて食べる、簡易な食事である。日本では、昔からフランス料理店で出されてきたが、現在は洋食レストランやカフェで、甘いデザートにアレンジされて出されていることが多い。

使用食材（2~3人前）	分量
蕎麦粉（なるべく自家製がよい）	150 g
塩（天然のもの）	少々
水（ニョッキのお湯は適量）	250 ml
溶き卵（有精卵を使用）	1個
ベーコン（発色剤不使用のもの）	2枚
シメジ	1パック
ピザ用チーズ（添加物のないもの）	大さじ1
細ネギ（なるべく有機栽培）	適量

＊ガレットに乗せる具材は、お好みでなんでもよいのでその店の個性でいろいろデコレーションしてください

蕎麦粉のガレットの野菜・ハム包み

蕎麦粉を練り込んだニョッキ・スープ

作り方
1. ボウルに蕎麦粉、塩、水半分を少しずつ入れ、木べらでよく練る。残りの水を入れてよく溶き、溶き卵を加えて泡立て器でよく混ぜる。ラップして1時間ほど寝かせる
2. ベーコンは細切り、シメジは石づきを落とし、小房に分ける。ベーコンとシメジをオリーブオイルでフライパンで炒めて塩とコショウで味つけをする
3. なるべく大きめのフライパンを熱して、サラダオイルをひき、油をまんべんなくひき、1を流し込む。1は5~6枚分のガレット
4. 焼けてきたら、真ん中に玉子と野菜を乗せ、両サイドを折り込んでそのまま焼く
5. ニョッキは、無漂白の小麦粉と、蕎麦粉の割合を1：3にして、お湯を加えて練り込み、熱湯で湯がく
6. 残り野菜とベーコンを刻んで、鶏ガラスープの中に、5と一緒に入れ火にかけて温める

ガレット一人前　材料費 200円　売価 750円　食材原価率33%
ニョッキ一人前　材料費 80円　売価 300円　食材原価率27%
セットメニュー「ヘルシーランチ　仏ブルゴーニュ風蕎麦粉ガレットと蕎麦ニョッキ・スープ」
　　　一人前　材料費 280円　売価 930円　食材原価率30%

しかし、よく考えてもらいたい。むかごは山芋の玉子のようなものだ。玉子はその実の中に、子供を育てるための栄養素を豊富にもっている。

むかごは、各種ビタミンやたんぱく質が豊富に含まれた、素晴らしい栄養食品なのである。

ただ、むかごは、小さくポロポロしており、収穫と扱いが面倒だ。

塩ゆでにする。フライパンで煎る。米と一緒に炊き込み、「むかご御飯」にするなど、秋の風物詩となる食べものだ。

菊芋は、戦後、食料難時代に盛んに食べられた、山菜に近い野生のイモである。見た目は、まるでショウガみたいな姿をしている。

この菊芋、あまりおいしくないので豊かな時代になってからは、ほとんど食べられなくなっている。ところが、イヌリンという多糖類が豊富に含まれていることがわかり、近年、糖尿病予防食として急激にスポットライトを浴びることになった。

この菊芋とむかごを、ジャガイモ代わりのカレーライスに入れて炊き込み、健康カレーとして大いに売り込んでみようと思う。

普通のカレーなら、せいぜい五〇〇円程度しか価格設定はできないが、同じく成人病に効果のあるヤーコン芋を使った、ヤーコンサラダをセットにして、「特別健康カレー」というたい文句で、一〇〇〇円程度の値つけは可能ではないだろうか。

気をつけなければならないのは、薬事法への抵触である。「薬でもないものを、いかにも薬のように説明してはならない」と、町役場や保健所などが指摘するので、文章化はせずに「糖尿病に効果ありますよ！」とスタッフが口頭で説明するようにしよう。

●野菜の浅漬けちらし寿司のレタス包み

バブル時代は、海鮮ちらし寿司など、タイやヒラメ、マグロのトロなどがのった、豪華

第２章　安心・安全の名物料理を創りだすまで

料理レシピの例　２

むかごと菊芋のカレーライス

料理のワンポイント

　むかごは、山芋や自然薯のツルにつく、山芋の子供である。玉子や子供は、一人でも自生できるように、さまざまな栄養素をうちにもっている。だから、山芋の赤ちゃんのむかごは、本当に栄養価の高い食材なのだが、活用されることが少ない。それは、山芋や自然薯のツルから、いつもポロポロとこぼれ落ちるためである。つまり、収穫が面倒で人手がかかるのである。

　たいがいむかごは、山芋を植えている畑のあぜや隅にころがっている。自然薯などは、山の麓に自生しているから、山道や枯れ葉の中にもぐりこんで自然に芽を出している。

　菊芋は、藪や畑のあぜ道や山の麓に自生している。茎が異様に高く長くのびているので見つけやすい。近年は「菊芋ブーム」もあり、栽培している農家も多くなってきた。菊芋は、ショウガにそっくりで皮をむくのが容易ではない。むかごも、菊芋もでんぷん質で、ジャガイモの代わりに、カレーに入れてみた。

使用食材（12人前）	分量
むかご	200 g
牛肉ブロック（国産牛）	500 g
玉ネギ（有機栽培）	中4個
ニンジン（有機栽培）	中2本
菊芋	中8個（300 g）
赤ワイン（国内産ブドウ使用のもの）	100 ml
カレールー（市販のものを使用）	200 g
塩（天然塩）	大さじ3
牛乳（無添加）	400 ml
チキンスープ（5カップ）	1000 ml

むかごと菊芋のカレーライス

作り方
1. カレーの作り方は、どなたでも経験があるので、ここでは簡単に説明する
2. 野菜をさいの目に切り、肉を先に炒めながら、野菜を加えスープを加える
3. むかごは事前に塩ゆでしておき、最後の仕上げ時点で加えて煮込む
4. 菊芋は硬いために、皮をむいて水にさらしてあくを抜き、そのまま他の野菜とともに煮込む
5. 煮込みながら、よくアクを取る
6. 赤ワインと牛乳を入れると、肉が柔らかくなり、カレーにコクが出る
7. 市販のカレールーを加えるが、商品を選ぶとき、裏のパッケージを見て、なるべく添加物の少ない製品を選ぶようにする
8. ご飯が炊きあがったら、塩ゆでしたむかごをトッピングして、その上からカレーを写真のようにかける

山芋の赤ちゃん、むかご

一人前　材料費　230円　売価　780円　食材原価率29%
セットメニュー「ヘルシー野菜ヤーコンサラダと健康菊芋とむかごの煮込みカレー」
一人前　材料費　290円　売価　1000円　食材原価率29%

なちらし寿司が幅を利かせた時期もあった。しかし今では、高齢化を迎え、食も細く（食べる量が少なく）健康志向になった。そこで女性が好きな漬物を食材に、野菜の浅漬け、カブ、カブの葉、ニンジン、キュウリ、ナス、セロリ、ダイコン、ダイコンの葉、ノザワナなど好みの野菜の浅漬けを、さいの目かあられ切りで刻み、酢飯にちらして、ちらし寿司にする寿司を考えた。

最後に、大葉かエゴマの葉があれば、千切りにしてちらす。

生のトマトや赤ピーマンなどがあれば、あられ切りにして寿司の上にちらすと、赤い色が映えて色目もよくなる。

それを、丸くカットしたレタスに包んで、お客様にお出しする。これが、健康野菜の浅漬けちらし寿司のレタス包みである。

この寿司は、動物性食材を一つも使用していない。本当に健康でヘルシーな料理である。

ただ浅漬けは、塩をなるべく薄塩にして漬けてほしい。この料理は、女性が喜ぶヘルシーなお寿司で、見た目もきれいで、付加価値（利益）もかなり大きな料理である。

● トマトラーメンとエゴマ餃子

今、ラーメン好きの女性の間で話題なのが、トマトラーメン。すでに東京などでも、トマトラーメンをうたい文句にしたチェーン店が出現している。だが、まだ一般にはなじみが薄い。

トマト産地を背景にしているような農村では、収穫時に、育ちすぎたり、変形した規格外トマトが大量に出る。これを農家から格安で仕入れて、煮込み、ぶつぶつした固まりが多少残るようなソースに仕込んでおく。鶏ガラでラーメンのスープをとり、無添加赤色のトマトラーメンに仕上げる。トッピングは、生のトマトを使い、乱切りにしてトマ

第２章　安心・安全の名物料理を創りだすまで

料理レシピの例　3

野菜の浅漬けちらし寿司のレタス包み

料理のワンポイント

　日本の漬物は、家庭で簡単にできるヘルシー食品である。黄色いたくあんや、色の濃いめの漬物は、黄色系や赤色系の「染め粉」が使用されるので敬遠したいが、浅漬はその心配がない。また季節の野菜を漬けこめるので、旬の野菜を豊富にとることができ、浅漬けは優れた食品である。ただし、「塩」の摂取は控えめにすること。いくらヘルシーだからと言って、食べ過ぎてはならない。そこで、寿司酢と浅漬け漬物をあえて、ちらし寿司にしてレタスでくるんで食べる、ライスメニューを考えた。ぜひお試し願いたい。

使用食材（12人前）	分量		
五穀米（市販のものでよい）	60 g		
白米（有機栽培のものが望ましい）	1 kg		
白出汁（添加物の少ないもの）	200 ml		
酒・酢・砂糖・味醂	適量		
煎りゴマ（有機栽培の白ごま）	適量		
寿司酢（添加物の少ないもの）	300 ml		
エゴマの葉（なければシソの葉）	5枚		
レタス（有機で巻きが固いもの）	1個		
干しシイタケ	5個		
浅漬け漬物	ナス	適量	
	ハクサイ		
	キュウリ		
	ニンジン・その他旬の野菜		

野菜の浅漬けちらし寿司のレタス包み

白菜の漬物

作り方
1. 白米を洗い、吸水・炊飯。炊き上がったら飯台にご飯を広げ、寿司酢を振りながら、丁寧に酢飯を作る
2. 干しシイタケは湯で戻し、薄く小口切りにして、醤油と砂糖と白出汁と味醂で、甘辛く煮ておく
3. 漬物は、皆同じようにさいの目切りにしておく
4. 煮たシイタケと、さいの目に切った浅漬け漬物を、飯台で酢飯とまぜ合わせる
5. レタスは半分に切り、真ん中からゆっくりとボウル型の葉を抜きとる
6. そのレタスボウルに、寿司飯をもりつける
7. みじん切りしたエゴマの葉、なければシソの葉をそのレタスボウルの寿司飯に、いろどりよく飾る

　一人前250ｇ　材料費　306円　売価 900円　食材原価率34%
　大皿で出す場合、4人前で3450円の「ヘルシー漬物ちらし寿司のレタス包み　4人前」として出す。この場合の材料費は1224円　売価3450　食材原価率35%

トラーメンにちらしたり、セロリの葉を千切ってラーメンの上にちらしてもよい。煮たカボチャや炒めたピーマンなど、季節の野菜をカットして１〜２個トッピングするのもよい。

エゴマ餃子は、エゴマの葉を使った料理である。

エゴマはシソ科の植物で、その葉と種に栄養がある。αリノレン酸という栄養素は、生活習慣病を改善し予防する働きがある。

このエゴマの葉を軽く湯がいて、餃子の餡を包み、餃子の皮にくるんで焼くのである。餃子の皮が焼ける頃、中から薄緑色の葉がぼんやり見えて食欲を誘う。

ここでの注意点は、餃子の餡にエゴマ油を使用してはならないということだ。エゴマ油は加熱すると、生臭さが出るからである。

一般のラーメン店のラーメン餃子セットは、あまり健康によいとは言えない。しかし農家レストランの、トマトラーメンとエゴマ餃子のセットは、素晴らしい健康メニューなのだ。このセットで１０００円くらいの値打ちはある。

このラーメンの麺に米粉麺を使ってもよいか、と質問があったが、もちろんＯＫだ。つるつるモチモチしておいしい。

●竹の子煮込みハンバーグ

全国に竹の子の産地は多い。このおいしい竹の子を茹でて、大きめのサイコロ状に切り、ハンバーグの具の中に練り込んで焼いたものが竹の子ハンバーグだ。

千葉県大多喜町の商工会「特産品プロジェクト」で、この竹の子ハンバーグを試食してもらったところ大評判であった。

この大きなハンバーグの中に、竹の子を薄切りした一切れを入れてみた。

食べてみると、ハンバーグの中から竹の子が飛び出してきて非常に迫力がある。

ハンバーグは、若者たちの大好物だ。普

第2章 安心・安全の名物料理を創りだすまで

料理レシピの例 4

トマトラーメンとエゴマ餃子

料理のワンポイント

トマトのラーメンは、都会ではかなり普及している。トマト・スパゲッティーのような感覚で食されている。農村でおいしい野菜の代表はトマト。そこで、農家レストランでも、ラーメンを若い人向けに開発してみようと取り組んだのが、このトマトラーメンだ。

そして、ラーメンとのセットメニューと言えば餃子だ。そこで、健康によいエゴマを使った「エゴマ餃子」をそえてセットにしてみた。若い人たち、特に男子は農家レストランに興味がないが、このラーメンと餃子のセットメニューを知れば、彼らも農家レストランを一度は訪問してみようという気になるに違いない。ぜひ、面白いので試してみてもらいたい。

使用食材（1人前）	分量
中華麺（カンスイが少ないもの）	170g
鶏ガラスープ（鶏ガラを炊く）	350cc
天然塩	20g
ホールトマト（湯むきしたもの）	1.5個
カット・トマト（生トマト小）	4個
ベーコン（発色剤不使用のもの）	2枚
玉ネギ（有機物をみじん切り）	1/2個
グリーンピース（有機栽培）	適量
メンマ（塩抜きメンマを煮込む）	適量
太長ネギ（湯がいたもの）	2本
コショウ	適量

トマトラーメン

エゴマ餃子の材料は、普通の家庭で作るような餃子の具をエゴマの葉でくるみ、それを餃子の皮で包むというだけのものなので、特段の記載はしないが、エゴマの葉がなければ湯がいたキャベツの青い葉でもよい。

作り方
1. 鍋に鶏ガラスープと天然塩を入れ、煮込む
2. ベーコンを炒め、皿に上げておく
3. 油で、みじん切りした玉ネギを炒める
4. 煮込んだスープに、湯むきしたホールトマトと炒めた玉ネギを入れ、さらに煮込んでラーメンスープを作る
5. お湯を沸騰させ、麺をゆでる
6. 1～2度、ビックリ水を入れて麺をよく湯がく
7. 麺を取り出し、お湯を切りラーメンの器に入れる
8. 熱いスープを注ぎ、ベーコン、生トマト、グリーンピース、メンマ、白髪ネギを飾る
9. 餃子は、餡を寝かせスパイスがなじんでから、皮で包み、熱したフライパンで焼く。途中水を入れて蒸らすが、その水を抜き、少し油をたして仕上げ焼きする

エゴマ餃子 葉の緑が浮き出て、見ためもきれい

トマトラーメン一人前　材料費 210円　売価 780円　食材原価率27%
エゴマ餃子一人前（6個）材料費 105円　売価 380円　食材原価率28%
トマトラーメンとエゴマ餃子のセットメニュー「真っ赤なトマトラーメンとエゴマ餃子」
セットメニュー一人前　材料費 315円　売価 1100円　食材原価率29%

料理レシピの例　5

竹の子煮込みハンバーグ

料理のワンポイント
　竹の子は、春の風物詩だ。旬の食材の代表格でもある。採りたての竹の子は、シャキシャキして歯触りがよい。その竹の子を使った、洋風料理に挑戦してみた。普通、竹の子と言うと和食を思い浮かべる人が圧倒的だろう。だが、このシャキシャキ感とみずみずしさは、バターと濃いめのソースを使った洋食にもぴったりだ。それが、竹の子ハンバーグである。ダイス状の竹の子が、ひき肉に練り込んであるが、それだけではつまらないので、中に大きな竹の子のスライスを一枚隠し入れてある。食べたときのサプライズ、"あっ、中にも大きな竹の子が入っている！"という、お客様の喜ぶ声が聞きたくて開発したメニューである。

使用食材	分量
合い挽き肉（国産牛・豚）	300ｇ
竹の子	80ｇ
パン粉（漂白していないもの）	１／２カップ
牛乳（添加物のないもの）	大さじ２
玉子（有精卵）	１個
小麦粉（無漂白）	大さじ２
塩・コショウ	少々
ナツメグ	少々
ハンバーグ・ソース用食材	
湯むきトマト（有機栽培もの）	２個
ケチャップ（添加物のないもの）	大さじ２
赤ワイン（国内産原料）	大さじ３
ウスターソース（無添加のもの）	大さじ２
固形ブイヨン	１個
水またはスープ	２カップ
砂糖（漂白していないもの）	小さじ１
塩（自然塩）コショウ	適量
バター（添加物のないもの）	大さじ２

竹の子煮込みハンバーグ

春の風物詩、採れたての竹の子

作り方
1. 湯がいた竹の子を、ダイス切りにする。半分の竹の子を、２〜３枚厚切りスライスにする
2. ボウルに挽き肉、ダイス切り竹の子、湿らせたパン粉、玉子、小麦粉と塩コショウを入れてよく練る（50回以上）
3. 粘りが出たら、手に油をつけて小判形に丸め、両手で相互にキャッチボールするように空気を抜きながら、竹の子スライスを差し込む
4. フライパンに油をひいて両面をこんがりと焼いておくが、焼いたときに出る肉汁も別皿にとっておく
5. フライパンをきれいにして、バターを溶かしソースの材料を全部入れて煮込む
6. ハンバーグをそのソースに入れて煮込む

　一人前単品　材料費　294円　売価　890円　食材原価率33％
　ライス・コーヒーつきお膳　材料費　424円　売価　1180円　食材原価率36％

第2章 安心・安全の名物料理を創りだすまで

食材は地産地消・旬産旬消で

段、農家レストランに、あまり興味のない彼らを、農家レストランに向かわせるには、ぴったりの一品であるかもしれない。

料理メニューの解説をしていると、よくこういう質問に出会う。

「メイン料理に使う、季節食材がなくなる時期は、どう対応したらよいのか？」

答えは簡単である。

季節の食材がない時期には、無理してその料理を出すべきではない。

普通のレストランは、それでは困ってしまう。特にチェーン店は、品切れは許されない。だから、冷凍食品を使ったり、海外から原材料を輸入して、料理を提供する。

クリスマスの雪降る時期に、赤いイチゴがあるはずがないのに、温室で重油を焚き無理やり育成したイチゴが、ケーキの上に載っている。そのパーティーに、夏の特産品メロンが出る。

地元産の旬の食材を生かした仕込み作業に集中

こうした、消費者の欲望を追求した結果が、化学合成添加物による健康被害や、食品自給率の低さになって表れている。

悪い業者も一部いるが、すべてが悪いわけではない。こんな季節外の食品を食べたがる、贅沢に慣れ親しんだ、われわれ自身が問題なのだ。

農家レストランは、普通のレストランではない。地産・地消、食の安心・安全を担うレストランだ。

農家レストランでは、その季節にしかない「おいしい地元特産品を使った、おいしい料理」が売りものだ。だから、季節の食材がなくなれば、それはそこで終わりだ。

このことを、堂々と主張できるのは、農家レストランだからであり、それが農家レストランの強みでもある。

その分、ほかの人気メニューを、またみんなの知恵を絞りながら考えたり、創ったりしようではないか。

これまで、多くの料理ヒントを提案してきた。もう、これからは、農家レストランを支える皆さんが、脂汗を流しながら考える番である。ぜひ素晴らしい、名物になるような料理を考え出してヒットさせていただきたい。

料理レシピと食材の調達、調理場の構造

料理レシピの必要性と適正なメニュー数、客席数

調理する場合、その料理内容を細かく作業手順ごとに示したレシピ（料理の処方箋）がなくてはならない。

レシピには、使用する食材、調味料、グラム数、調理手順、調理のコツまでが詳細に書かれている。

最後の行には、その料理に使用した食材の原価が書かれており、メニュー売価に対する原価率まで計算してある。前述してきたように、その原価率は30％前後でなければならない。

レシピに書かれている内容を述べる。

1　料理名
2　簡単な料理の紹介（料理誕生のいわれ、由来、季節性）
3　人数分
4　使用する食材の名称
5　使用する食材・調味料のグラム・数量
6　調理の手順
7　調理の温度
8　調理のコツ
9　提供時の盛りつけ例（写真）
10　使用した食材と調味料の原価
11　メニュー売価に対する原価率

このレシピが、調理場に完備されていれば、調理の責任者が休んだときでも、代行者がレシピどおりの、同じ料理が作れるというわけである。

調理担当の新人教育も、このレシピで勉強させ、実地で教えることが基本だ。

このように、レシピをもとに誰が調理をしても、同じ料理が出せること、これを料理スタンダードの確立と言う。スタンダードとは、一般化、標準化のことで、誰が調理しても、いつ調理しても、同じ味の同じ見栄えの料理が作れるということである。

同時に、売上予測から、食材の発注や食材の仕込み量がわかり、結果として食材原価率が安定するのである。

このようにレシピの存在は、レストランにとって非常に重要なものなのである。

レシピが書きあがり、メイン料理の準備も整った。さて、その他のメニューは何にしよう。メインの料理だけではちょっと寂しい。

ここで、農家レストランの適正なメニュー数を考えてみよう。

メニュー数は多いほうが、お客様の選択肢が増えてよい……と考えやすいが、それは間違いである。

メニュー数よりもまず、自店の強い名物料理の開発こそ必要なのだ。

名物メニューがなければ、今後ますます増え続ける農家レストランの厳しい競争に勝ち残れない。

長野県のある農家レストランのメニュー構成を見てみよう。

●天ぷら蕎麦（温）　　　　　　　1150円
●地鳥のけんちん蕎麦（温）　　　　900円
●天ざる蕎麦（冷）　　　　　　　1150円
●ざる蕎麦（冷）　　　　　　　　　750円
●あんこもち（トチ餅）　　　　　　580円
●けんちん汁入りつゆ餅　　　　　　580円
●囲炉裏焼きおやき（3種類）　　　230円

以上である。これ以外は、ビールやウーロン茶といったドリンク類だけだ。

つまり、料理の数が7品目とドリンク類だ

第2章　安心・安全の名物料理を創りだすまで

けである。

非常にシンプルである。

この店は、長野市鬼無里にある農家レストラン。100年近い古民家を改造した一軒屋。蕎麦の産地戸隠に近いので、自宅の畑で収穫した、自家製の蕎麦粉を使用し、おいしい蕎麦を出している。

この程度の数のメニューでも、土日は100人近いお客様が来店し、大繁盛している。

山の中の農家レストランで出される、素朴な蕎麦料理。福島県只見町の「八十里庵」

田舎の素朴な蕎麦メニューのネギ蕎麦。この一本のネギを箸代わりにして食べる

水蕎麦。農家の裏山に湧いている水に、茹でた蕎麦を入れ、味をつけずに食べる

どこにでもあるレストランの、アリバイづくりの料理メニュー、ハンバーグやオムライス、お子様ランチにサンドイッチにスパゲッティ、こんなありきたりな、普通のメニューをいくらそろえてもなんの意味もない。

ほかにない名物メニューのある農家レストランなら、ほかのメニューはその関連メニュー数品（トータルで10品目程度）で十分だ。

ついでにもう一つ。

適正な客席数に関して述べておく。客席数

農家レストランは、農村部の家庭の主婦が寄り集まって運営している。利点も欠点もある。家庭の主婦だから、家事があり忙しい。いろいろな行事に参加していても、農家レストランの調理や接客に従事できない。研修会や会議、ミーティングに出られない場合がある。

だが、この料理研究会にだけは「全員参加！」を義務づけてもらいたい。なぜなら、この料理研究会から、大ヒット料理が生まれる可能性があるからだ。

筆者の顧問先の、飲食店の店長会議などでも、２ヶ月に一度、必ず料理研究会を開催している。

これは、スタッフ全員が創作料理を作って持ちより、互いに批評し合いながら、売れそうだなと思う料理を、レシピを交換し合い、早速自店でメニューに載せて売ってみて、次の会議のときにその結果を発表するというものである。

は、店舗面積１坪（３・３㎡）に対して２席が普通の飲食店で標準だといわれているが、店舗面積が、１坪（３・３㎡）に対して１・５席程度に考えたほうがよい。

なにしろ遠いところまで来てくれたお客様だから、ゆったり、のんびり座ってもらうことが大切なのだ。

この場合、気をつけていただきたいことがある。客席数を多めに設置すると、客席が狭すぎて苦情になりやすく、客席面積を多めにすると、厨房面積を犠牲にするため、調理がしにくく、満席時に調理能力が追いつかず、肝心の料理が出てこないということになりかねない。

店内調理研究会の開催と新メニュー開発

料理アイデアを生み出す最良の方法は、店内で料理研究会を開催することである。

第2章 安心・安全の名物料理を創りだすまで

最初の開催時、どうでもよいような料理が並べられる。しかし、回を重ねるごとに内容が高度になり、議論が白熱してくる。

司会やリーダーが、「農家レストランの料理はどうあるべきか？」「農家レストランの意義」などを繰り返し語っていると、段々創作レベルが上がってきて、多少時間はかかるが、料理研究会から素晴らしいヒット・メニューが生まれることが多い。

メニュー開発には、他店見学会も効果的だ。

話題の農家レストランや、繁盛している飲食店を全員で見学に行く機会をつくり、そしてそこで、さまざまなヒントを得て帰ってくる。

または、料理を買って持ち帰り、試食してみる。自分たちで見よう見まねで作ってみて、この料理をわが店で出してみようかなどと、みんなで試食しながら具体的に意見交換をする。

みんなが集まる料理研究会。それぞれが考えた創作料理を持ち寄り試食しながら研究する

試食タイム。このときにいろいろな話が出て、それがヒット料理の開発につながる

米料理研究会で真剣に調理する

料理研究会を開く場合、大事なことが二つある。

◆一つめは、定期的に、継続して開催することである。

各自が事前に食材を準備したり、仕込みをしたりして研究会は面倒くさいが、飽きずにやり続けたところが、勝ち残ると思ってほしい。やることで大きな成果に結びつく場合が多い。

◆二つめは、料理研究会で好評であった料理を、お店でメニューに載せてみることである。

そして、お客様の反応をうかがうことである。せめて1ヶ月間は、その新メニューの「出数（しゅっすう）」を記録して、ほかの料理と比較し、売れるか売れないかを研究すること。

もしも売れるようなら、多少の改良をして、定番商品（レギュラー・メニュー）として採用すること。

その際、注意したいことがある。一品採用したならば、今までのレギュラー・メニューから、必ず一品削ってもらいたい。無原則にメニュー数を増やしてはならない。

そのために、日頃からの「全メニュー出数カウント」を行うことをお願いしたい。どれが売れて、どれが売れないのかを知ることが重要である。

成功する商売とは、売れている料理をもっと売ることであり、一方、売れない料理は品ぞろえから外し、新たに売れるメニューを投入することである。

「全メニュー出数カウント」は、レジスターのボタン設定で可能である。閉店時、レジを締め切るときに、ジャーナル（レジスター記録の巻紙）から写し取れば、誰にでもできる。

レジ購入時に、レジスター業者に相談することをお勧めしたい。親切に教えてくれて、そのように設定してくれるはずである。

第2章 安心・安全の名物料理を創りだすまで

バックアップ型キッチン。奥に仕込み場があり、カウンターの正面を向いて調理する

作業しやすい調理場と新しい調理機械・器具

調理場（キッチン）には、大きく分けて二つの作り方がある。「アイランド型」と「バックアップ型」である。

アイランド（島）型は、フランス料理などで見られるような、調理場の真ん中に大きな作業台を置いて、その作業台中心に調理をするスタイルのキッチンを指す。

日本の飲食店やホテルのレストラン、給食センター、和食店も、ほとんどがこのアイランド・スタイルである。

ところがこのアイランド型は、真ん中に大きな作業台があるために、何かをするときグルッと反対側へ回りこまなければならず、作業の合理化が図れないので、最近はこのスタイルは敬遠されつつある。

●バックアップ型キッチン

バックアップ型とは、アメリカのレストランチェーンから学んだスタイルで、料理を出すキッチンカウンターに向きあって調理するスタイルのキッチンである。本来は、キッチンカウンターのその後ろに、もう一つの仕込み調理場があり、ここで仕込んだ食材を、前のキッチンカウンターのコックさんに送りだし、最終調理作業を支援（バックアップ）する構造になっているもの。

ファミリーレストランやファストフードは、ほとんどがこのバックアップ型を採用している。

●ドライキッチン

現在、床に水を流さない「ドライキッチン（いつも乾燥しているという意味）」が多くなっている。ドライキッチンは、衛生面でもダイナミックな調理作業が可能という作業の安全面でも優れている。

そして、床がコンクリートではないので、足と身体が冷えないため、疲れないという効用もある。床に、ベターッとコンクリートを流さない作りでもあるので、工事費用も意外と安くすむ。

●オープンキッチン

最近では、調理場が客席から見える、「オープンキッチン」も多くなってきた。オープンキッチンは、「調理作業が見えて楽しい」というお客様にとってのエンターテイメント的な面と、「衛生的で、きれいな調理場で調理しています」という、安全・安心のPRができるという二つの意味がある。

農家レストランにお勧めしたいのは、バックアップ型のキッチンレイアウトで、女性が作業しやすいドライキッチン、そしてできばダイナミックな調理作業が見えるオープンキッチンではないだろうか。

投下資金と費用と、使い勝手で決めていただければ結構である。

78

第2章 安心・安全の名物料理を創りだすまで

簡単なバックアップ型のキッチンレイアウト

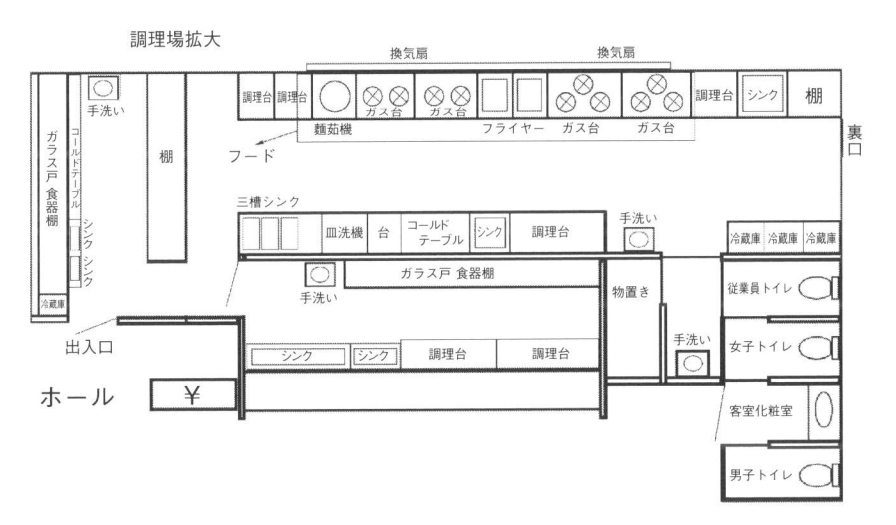

新しい調理器具、「スチーム・コンベクションオーブン」。操作に慣れるまでが大変だ

●スチーム・コンベクションオーブン

新しい調理器具として、スチーム・コンベクションオーブンもぜひ導入していただきたい調理器具である。

コンビネーションレンジのことで、ガス高速オーブンに、電子レンジの機能が内蔵されたもの。ガスオーブンと、電子レンジの複合機と思えばよい。ガスオーブンの外部加熱と、電子レンジの内部加熱、そして水蒸気による調理法を併せ持った優れた機械である。

これ一台で、焼く、蒸す、揚げる、加熱する、煮るなどすべてでき、料理の幅が広がる時間も短縮できる。

操作が複雑なので慣れるまでには時間がかかる。だが、慣れてしまえば心強い調理機械である。

●食器洗浄機の設置

レストランで一番大変な作業といえば、洗い場であるが、これを大きく合理化してくれるのが、食器洗浄機だ。

浄化槽や排水の問題があり、簡単に設置できない場合もあるが、作業の軽減という意味ではぜひ導入をお勧めしたい機械である。

農家レストランの女性スタッフが、作業しやすく疲れない調理場作りで、ぜひ毎日楽しく働ける調理場（キッチン）を工夫していただきたい。

第3章

農家レストランの運営・経営ノウハウ

定物・定位置管理の例。古民家レストラン独鈷のパントリー付近

接客サービスの基本を身につけよう

これはどこの飲食店でもやっている、いわゆる基本のマニュアルである。ホールで接客を担当する者は、この基本をしっかり覚えなければならない。

よく「マニュアル的な対応には反対！」という意見を聞くが、それは違う。

基本は基本で、当たり前のようにできなくてはならないものなのだ。「マニュアル……」と批判するのは簡単だ。

しかし、基本も何もなく始めた場合、レストランの運営に大混乱が生じる。

「ご注文を繰り返します」とオーダーを確認しなければどうなるか？　大きなトラブルになる。

「こんな料理頼んでないよ！」「グラスの数が足りないわわ。さっき言ったじゃない！」

最初にまず、基本の定型サービスを身につける

レストランサービスの基本は、定型サービスである。定型サービスとは、言葉どおり、「決まり切ったサービス」ということだ。

例えば、

「いらっしゃいませ」

「ご注文は、お決まりですか」

「かしこまりました」

「少々お待ちください」

「ごゆっくりどうぞ」

「お会計いたします」

「また、どうぞお越しくださいませ」

という一連の接客サービスの基本用語と動作、態度のことである。（表参照）

第3章 農家レストランの運営・経営ノウハウ

定型サービス

基本用語	
お客様のご来店	いらっしゃいませ
返事	必ず　ハイ
お待たせする場合	少々お待ちくださいませ
料理を出す場合	お待たせいたしました
お帰りのお客様へ	ありがとうございました
態　度	
表情	お客様を、誠意をもって、明るい笑顔で迎えること
身なり・身だしなみ	常に、清潔な服装と身だしなみで仕事をする
男子	定められた制服を着て、ワイシャツ、ズボンは清潔に。頭髪・爪は常にきれいに清潔にしておく、茶髪は禁止
女子	定められた制服を着て、化粧は控え目、華美は厳禁。アイシャドウ、マニキュア、ネックレス、イヤリング、茶髪、以上禁止
基本応対	
お客様の迎え方	挨拶をする、明るい笑顔と感じのよい態度
注文のうけたまわり方　食券の場合	①「いらっしゃいませ」 ②食券をいただく「お預かりいたします」 ③復唱する「○○でございますね」 ④半券をテーブルに置く ⑤「少々お待ちくださいませ」
注文のうけたまわり方　伝票の場合	①「いらっしゃいませ」 ②水、またはお茶、おしぼりを出す ③メニューを出す「お決まりになりましたら、お呼びください」 ④ご注文をうけたまわる ⑤復唱する「○○でございますね」 ⑥伝票に書く（または、コンピューター端末に入力する） ⑦伝票を裏返して、テーブルに置く ⑧「少々お待ちくださいませ」
料理の運び方	①お盆にのせて運ぶ
	②皿の場合は、片手で3枚以内にする
	③料理を運ぶときは、つとめて言葉を交わさない
料理の出し方	①テーブルの正しい場所に、料理を出す
	②料理を出し終えたら、軽く挨拶して下がる
食器の下げ方	①お下げしても、よろしいですか？
	②下げるときには、静かに音を立てないように下げる
	③全員の食事がすんでから下げる
お客様のお見送り	①ありがとうございました
	②お忘れ物がないようにご注意ください
	③明るい笑顔で、感じのよい態度で
	④駐車場の場合は、車を誘導する
	⑤タクシー希望客には、喜んでタクシーを手配する
苦情処理	①クレームは最後まで聞く　やがて興奮状態がおさまる
	②お客と議論しない　お客をやっつけても意味はない
	③クレーム客は、お店のファンであるから苦情を言う
	④クレーム発生時の、対応マニュアルを決めておく

とお客様の罵声が店内に鳴り響くかもしれない。ご注文をうけたまわる際には、特に注意が必要で、必ずご注文内容を繰り返し確認しなければならない。

定型サービスがよいとは思っていないが、ものごとには、なんでも基本がある。この基本ができていないと応用に進めない。

例えば、信号が赤なら、マニュアル（交通安全規則）どおり、車が来なくても道路を横断してはならないと、初めて社会に出る小学生には教えなくてはならない。

しかし、それが明確にわかる大人で、ここは車のほとんど通らない市道、1分待っても直線路の向こうまで、車の影も形もないような場合、臨機応変な対応が必要だ。

定型サービスは、あくまで基本で、確実にできなくてはならない。何度も何度も練習し、自然に出てくるように訓練しなくてはならない。

ホスピタリティ・サービスにレベルアップする

定型サービスができても、農家レストランの接客サービスは完成ではない。

定型サービスは、接客の基本ではあるが、これはどこでもやっていることで、特段珍しいことではない。できて当たり前だからだ。

わざわざ農村まで足をのばしていただいたお客様に、心から喜んでいただくために、農家レストランのサービスは、ホスピタリティあふれる（親切で心温まる）サービスでなければならない。

だから、定型サービスを土台にしたプラス・アルファとして、ホスピタリティ・サービスが必要なのだ。

「ホスピタリティ」というのは、ホスピタル（病院）を語源とした用語で、傷ついた人や病んでいる人に、ただ治療を施すだけでなく、親切に優しく接することで、患者が癒さ

ホスピタリティあふれる表情が大切

れ病気が治っていく。そういう行為を「ホスピタリティ」と呼んでいる。
では具体的にどうすればよいのか？

● 一人客を大切にし、声をかける

ホスピタリティを高めるにはコツがある。そのコツを会得する身近な方法の一つに、「一人客を大切にし、声をかける」というのがある。レストランには一人客がよく来店する。お昼時、遠くまで用事で来たが、おなかがすいたので、農家レストランの看板を見て一人でやって来たお客様である。

一人客は手持ち無沙汰である。

農家レストランに置いてある、周辺の観光案内パンフレットや、メニューに書かれている料理のこだわりなどを読んで紛らわしている。こういうお客様に一声かけるのである。

「ランチタイムは忙しいから、一人客なんか構っていられない！」という本音が聞こえる。

しかしこの一人客は、実は「福の神」に変身する場合が多い。

一人客がレストランのサービスと料理に満足した結果、「よい店があるぞ！」と言って、次は友人や家族を連れて来店してくれる可能性がある。その意味で、一人客に一声かけているお店が繁盛する。

だから、一人客に一声かけているお店が繁盛する。

「今日の雨、いやですねぇ。お客様、濡れませんでしたか？」、「午後から晴れるそうですよ」とか「お車、お気をつけください」。そんな他愛のないコミュニケーションの結果、感心したお客様が、次のお客様を連れて来られる。

なぜこの程度のことが、お客様の再来店（リピート）につながるのか？

よく世間を見渡してほしい。こんな単純なことだが、このように一人客に気配りしている飲食店など、ほとんどないに等しい。

ランチが３０００円もするような高級なホテルやレストランは違う。一人客にしっかりと声かけができている。それは、それほど高価な食事代を払ってもらうためにやっていることだ。

しかし、一般のレストランや飲食店でこうしたお店は皆無である。

他がやっていない、他のレストランや飲食店がやらないことをやるから競合に勝てるのだ。このような、和みのコミュニケーションが、ホスピタリティの第一歩である。

レストランの接客風景（服部栄養学院の学生が主催する模擬レストラン）

第3章　農家レストランの運営・経営ノウハウ

フレンドリー・グリーティング

お客様の顔や名前を覚えましょう。言葉を交わすことが、お客様に喜んでもらう最善の方法です。さあ下記のような声かけを実行しましょう。新しい言い回しをどんどん開発し、付け加えてください。

- こんにちは、いらっしゃいませ。いつもありがとうございます。
- 先日はありがとうございました。これからも、よろしくお願いいたします。
- 今日は、特別暑かったですね。お疲れでしょう。
- 過ごしやすい、よい気候になりましたね。
- 今日は特別寒かったですね。お体、お気をつけください。
- お住まい、お近くですか？　お料理のお味は、いかがですか？
- お仕事は、お忙しいですか？　大変でしょうが、頑張ってください。
- おすすめは、召し上がっていただけましたか？
- ○○お好きでしたよね。今日もその料理になさいますか？
- おすすめのお料理は、いかがでしたか？
- お楽しみいただけましたか？　お忘れ物ございませんか？
- またのご来店を、心からお待ちしております。

＊二人一組になって、朝礼などで練習してみましょう。
＊最初はぎこちない会話も、いつも練習することで、自然にできるようになります。

● 声をかける、挨拶を交わす
そのことがホスピタリティにつながる

コミュニケーションの希薄な時代である。温かいコミュニケーションを求めて、農家レストランにいらっしゃる人も多い。

お客様に優しく接する、丁寧に親切に接することによって、ホスピタリティが生まれる。

その親切で丁寧な一声を、フレンドリー・グリーティング（親しみのある挨拶）と呼ぶ。

フレンドリー・グリーティングの練習用マニュアルを添付したので、ぜひとも活用してほしい（表）。

この場合、お店のスタッフにただ単に「こんなのあるから練習しておいて……」などと伝達したくらいでは、決してフレンドリーな挨拶など実行されることはない。

87

研修会や朝礼の場で練習しなくてはならない。この練習方法の一つに、「ロールプレイング（役割演技）法」がある。
これは、一人がお客様になり、もう一人がお店のスタッフになる。この二人のやりとりを、みんなの前で2～3分させながら、終了後、お互いに感想を述べ合ったりして、よりよいフレンドリー・グリーティングを磨き上げるのである。
このフレンドリー・グリーティングを縦横に使いこなし、ぜひホスピタリティあふれるお店を実現していただきたい。
傷ついた人や病んでいる人に親切に優しく接し、それによって心が癒され、病気が治っていくような、そんなホスピタリティあふれる農家レストランを目指していただきたい。

●目配り・気配り　注意力を高める
サービス力を高めるには、いつもお客様への目配りを忘れないことである。

目配りとは、「お客様の変化に気づくこと」である。
「あっ、お子様用の小皿が必要だな！」と気がついたら、さっと小皿をお持ちする。
「あっ、赤ちゃん用の粉ミルクを溶くお湯が必要だな！」と感じたら、「ミルク用の、ぬるま湯をお持ちしましょうか？」と声をかける。
「ドリンクのお代わり、お持ちしましょうか？」でも、「お手洗いは、そちらの角を曲がったつきあたりです」でもなんでもよいが、何しろお客様の動きを察知して、すぐにアクションを起こすために目配りが必要なのだ。つまりは、注意力。
注意力を磨き上げ、そしてレストランのホール全体へ気を配ることが気配りである。
お客様が観光パンフレットを見ていたら、すかさず「その奥に温泉があり、足湯もありますから、お立ち寄りになられたらよいと思いますよ」などと、お客様のくつろぎを邪魔

88

第3章 農家レストランの運営・経営ノウハウ

会計時の対応。ファミリーレストラン・デニーズで

「これでよろしいですか？」と自慢料理を説明する。横浜そごう1階食品売場で

接客サービスは「料理説明」に最大の力点を置く

せず、お客様の動きに敏感に反応しながら、笑顔で声をかけ、笑顔のコミュニケーションを深める。これがホスピタリティ・サービスの極意である。

お客様は、なんのために農家レストランにやってくるのか？　おいしい料理を食べにくるためである。

定型サービスはもちろん、ホスピタリティ・サービスを磨かねばならない。そのために、フレンドリー・グリーティングを練習しなくてはならない。

しかし、それもこれも何のためにするかと言えば、「おいしい料理」を食べてもらうための前段階、気分を高揚して料理への期待を高めていただくためなのだ。

農家レストランのサービスの中で、一番重

89

要なサービスは、「料理説明」に尽きる。

料理説明とは、こだわりにこだわった農家レストランの料理に対する思いを、ここでお客様に開示する行為である。

次ページの表を参照していただきたい。これは会津若松市郊外の１５０年続く古民家を改造した、「古民家レストラン独鈷」の料理説明文である。

お膳が２５００円という高額なために、これほど長くなるが、自家製蕎麦粉と蕎麦御膳などの場合でも、この半分程度の長さは必要である。

一部の人から、「早くご飯を食べたいのに、これでは長すぎる」との苦情が出るが、私はあえて気にしない。

なぜなら、これが普通の飲食店なら説明などする必要はないからだ。なぜなら、お客様がそれを求めていないからである。忙しいから、出てきた料理から食べてゆき、早く終わらせて次の仕事にとりかかりたいというお客様もいる。

ところが農家レストランは、わざわざ遠くからそのお店にその料理を食べに来るお客様たちである。農家レストランに来る数日前から、期待でドキドキしているお客様だ。安全・安心で、こだわりにこだわった、その料理が、今、目の前にある。

この小鉢の中身はなんだろう？この味噌は、どのように調理しているんだろう？この山菜は、なんていう名前なのだろうか？見慣れぬ料理を前に、お客様の興味は尽きない。特にお客様の９０％は、農家レストランのスタッフと同年代の女性のお客様。同じ調理をするものとして、この野菜の煮方は、この調理の味、調味料の使い方は……と興味が尽きない。

そこで、料理をお出ししたときに、「どうぞお召し上がりながら、お聞きください」と述べて、この料理のこだわりをしっかりと説明するのである。

90

第3章　農家レストランの運営・経営ノウハウ

料理説明の例

鳥待膳（とりまちぜん）料理説明

☐ **十一穀ご飯と白米**
　十一穀ご飯は、大麦、粟、ひえ、きび、赤米など、11種類の穀物で炊き上げたご飯です。白米は、有機農法で栽培した会津産こしひかりを使用しています。どちらか、お好きなほうをお選びください。

☐ **すりとろろ、うずらの卵、とんぶり添え**
　自家栽培の自然薯の特性をいかし、自然薯のねばりを味わっていただきたいと、思いを込めながら、すりおろしたとろろです。うずらの卵か、畑のキャビアと言われるとんぶりを、お好みでとろろに混ぜてお召し上がりください。

☐ **自然薯の団子汁**
　自然薯は、皮の部分にポリフェノールが多く含まれています。皮ごとすりおろして団子にしたものを汁に入れ、自然薯の団子汁といたしました。

☐ **自然薯コロッケ**
　自然薯で作ったコロッケです。サクッと揚げたなかに、チーズ、きのこが入っています。

☐ **自然薯黒糖煮**
　自然薯の先端部分を蒸し、一度油で揚げた後、黒糖で煮込みました。

☐ **海老の春芽焼き、自然薯かけ**
　近海でとれた海老に、春の木の芽をのせて焼き上げ、自然薯とろろをかけました。

☐ **ゆばと温野菜のゼリーかけ**
　地元でとれた有機野菜です。ゼリーを溶かしながらお召し上がりください。

☐ **抹茶入り茶巾絞り**
　抹茶が入っている茶巾絞りです。箸休めとしてお召し上がりください。

☐ **お漬けもの**
　自家製のお漬けものです。

「鳥待膳」とは
　雪に閉ざされた冬は、ながく厳しい季節。やがて、雪がとけ、春の渡り鳥がやってきて小枝でさえずる頃、木の芽や山菜が芽吹きます。そんな、おだやかな春を待つ心を、お膳に表現してみました。「食」を通して、春の息吹を感じていただきたいと切に願い、「鳥待膳」と命名した次第です。

前述したように、味とはただ単にきの感じではない。五感で感じるものなのだ。

料理説明で料理のこだわりを聞き、そして実際に食べてみて、期待以上の料理なら称賛の嵐となる。

上品な言葉づかいでなくてもよい。方言なら方言でも料理の説明をしっかりすることである。

「だまっこ（すり鉢ですりつぶして焼いた米団子）の酒粕鍋、豚の脂身多めに入れるがコツだぁヨ。酒粕だから、くどくないんサ。こんな田舎料理、この辺りじゃ昔から食べていたけんど、身体がほっかほっか昔からあったまってな～、寝るときにゃ楽に寝れるって、昔から冷え症の女子衆にはえらく評判じゃったワ～。でもな～、だまっこの粕鍋なんて都会の人には珍しかんべぇヨ……」

農家レストランのお客様の大半は中年女性。肩こりや冷え性、美容やアンチ・エイジング（老化防止）にはものすごく関心が高い。そこで、健康や美容に貢献する料理、それも地元で採れた安全・安心な食材を使った昔ながらの料理なら、お客様には喜んで召し上がっていただけるに違いない。

その結果、お会計のとき、「おいしかった！」「ありがとう！」という感謝の声となって聞こえてくる。

食後のアンケートに、「おいしかった！」「本当によかった！」「今度は年老いた母を連れてきます！」などと、感動の言葉が書き連ねられる。

そのためにも、農家レストランの料理説明は絶対に手を抜いてはならない。

「ご注文のお料理、おそろいになりましたか？ それでは、お料理の説明をさせていただきます。この料理は……」

今日も、どこかの農家レストランで、料理説明の明るい声が響いている。

92

店の運営を軌道にのせるために

営業日と営業時間の設定

農家レストランの営業日と営業時間はどのように設定すべきか。

農家レストランは、一般の飲食店とは違うということを前提に決めてもらいたい。

まず営業時間は「昼営業」が中心。午前11時から、午後の15時くらいまでの、4時間くらいの営業時間が望ましい。夜の営業は基本的にしないことが多い。

夜営業をしない理由は、農家レストランに来店するお客様は、遠隔地の方が多く、都会やその周辺の人々、観光客や食の安全・安心に関心がある人々が大半だからだ。

「食」の安全・安心、地産・地消、懐かしい郷土料理、素朴な人間と環境の触れ合いを求めてくるような人々に、夜の宴会、お酒のからむ宴会は似つかわしくない。

農家レストランが、夜の営業をしても集客はできない。

お客様の大半が中年女性だからだ。都会などでは「女子会」などと言って、女性の宴会が盛んであるが、それは仕事をもって働くキャリアウーマンたちのことで、農家レストランを訪れる40～60歳代の奥様にはあまり関係のない話である。

夜間営業をしないもう一つの理由、それは運営主体が主婦である点である。彼女らは、昼間は働けるが、夜はほとんど働けない。ゆえに、農家レストランの夜営業は、運営する側からも不可能なのである。

ただし、開業直後に法事や歓送迎会の要望が寄せられることが多い。
農村には飲食店が少なく、そういう宴席を設ける場所が乏しいからだ。また、新しい飲食店で宴会をやってみたいという単純な理由からである。

そのときは割り切って、スタッフが交代で宴会メニューを出すなど、宴会客だけに対応せざるを得ないが、料理は作り置きして、温かくして出す料理だけ加熱するようにしてもよい。お酒の追加はあっても、対応は少人数でこと足りる。

宴会後の下げ物（食器）は水槽に入れておき、翌日の朝番が一番に洗うように段取っておけばよい。

休業日は、平日の暇な曜日を選んで1日か2日、お休みしてかまわないと指導している。
農家レストランが稼げるのは、土日・休日・祭日である。特に、GW・夏休み・お盆・紅葉シーズンの連休・お正月などが忙し

い。
この点で、農家レストランで働く主婦たちには負担がかかる。正月など、家庭の主婦が勤務に出ると家庭問題となる。ゆえに、その期間は高校生のアルバイトか、老人パワーに頼る。または、やむなくお休みせざるを得ない場合もある。

土日はまだしも、お盆や正月などにレストランに出る人には、「手当」を出す必要もある。それは家庭のことがあるので、出たくない主婦に出ていただくからには、誠意ある対応をしなければならないからだ。

一日業務の流れと人員シフト

農家レストランの一日の流れを、模範的な人員シフト表（次ページ参照）を見ながら作業順に追ってみよう。

94

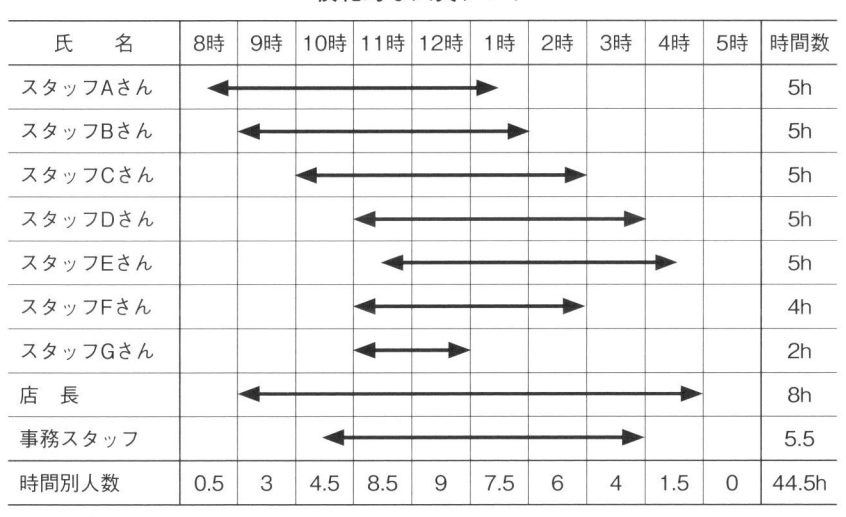

模範的な人員シフト

氏　　　名	8時	9時	10時	11時	12時	1時	2時	3時	4時	5時	時間数
スタッフAさん		←――――――――――→									5h
スタッフBさん			←――――――――→								5h
スタッフCさん				←――――――――→							5h
スタッフDさん					←――――――――→						5h
スタッフEさん						←――――――→					5h
スタッフFさん					←――――――→						4h
スタッフGさん				←―→							2h
店　　長		←――――――――――――――――――→									8h
事務スタッフ				←――――――→							5.5
時間別人数	0.5	3	4.5	8.5	9	7.5	6	4	1.5	0	44.5h

am 8:30　早番スタッフ入店・解錠、セキュリティー解除、元栓開け、前夜の遅番からの引き継ぎ事項確認

am 9:00　室内清掃・本日のメニュー確認

am 10:00　農家レストランの外回りのチェック、トイレ清掃、食器洗浄機のお湯貯め、仕込み予定量を確認し作業開始仕込み・在庫のチェック、予備発注

am 11:15　朝礼・ミーティング、日替わりメニュー確認、連絡事項・本日の目標確認、ホール準備、釣銭・伝票準備、おしぼり加温

am 11:30　ランチ営業開始、入口でのご案内、オーダー確認、サービス開始、営業に集中

am 12:30　ランチの営業状態の確認、客席に配慮、客席に料理の感想をうかがい訪問、お勧めサービス、不足しそうな食材の追加仕込み指示

pm 1:30　ランチ営業の終結予測、品切れ

メニューの確認、余っている食材の確認と追い込み営業

pm 2:30 ランチ営業終了直前、入場制限、ランチ終了告知準備

pm 3:00 ランチ終了、最後のお客様に配慮、片づけをしながらスタッフの休憩を入れる、食べ残し内容のチェック

pm 4:00 レジ締め、売上金確認、お客様アンケートのチェック、営業日報記入、明日の予測確認、予約確認、夜の宴会などあればその準備、明日のランチの確認と不足食材の発注

pm 5:00 翌朝の早番への伝達事項を確認、施錠・退去

朝礼でやる気を盛り上げ元気なレストランにしていく

この一日の流れの中で、特に重要なのが「朝礼」である。仲よしの主婦たちで始めた農家レストランではあるが、けじめのない組織運営は維持できない。その人間関係だけでは組織は維持できない。普段は仲よしといえども、「お客様を相手にしたレストランといっても、「お客様を相手にしたレストランといえどもれっきとしたビジネス」だということ。お客様から、お金をいただいて成り立つという現実を直視することだ。だから、お客様に不愉快な思いや、食中毒などを起こしてご迷惑をおかけしてはならない。

そのために、組織の緊張感を高め、規律を維持し、やる気を盛り上げるために「朝礼」を行う。朝礼の手順は以下である。

1 昼営業が始まる直前、昼営業が11時なら、10:45ころ（または昼営業が11:30なら11:15）に行うのがよい

2 理由は二つ。一つは、さぁ〜これから営業だ！ お客様に喜んでもらうぞ！ という、営業に向かう緊張感を盛り上げるためで

第3章　農家レストランの運営・経営ノウハウ

ある。二つめが、早番が朝早く入り、遅番が開店ギリギリに入ってくるために、全員がそろうのは、昼営業の直前だからである。業務連絡など、全員が知っておかなければならないことを、周知徹底させるためでもある

3　まず最初に、「おはようございます！」と全員で、元気にあいさつを行いスタートする

4　責任者（店長や理事が出張や休みのときは代理責任者）が司会をする

5　できれば、「私たちの誓い」のような、農家レストランの「コンセプト（理念）」などを作り、全員で唱和する

6　連絡事項の伝達。本日のメニュー、注意事項、変更事項、在庫状況、会議の予定、先進地域・店舗の視察予定など、いろいろな事項を伝達

7　スタッフ一人を指名して、当番制で一分間講話「最近見聞したい話」をさせる

8　司会が、本日の「売上目標」と「来店

真剣な表情のスタッフ研修会。都内の飲食店のサービス研修風景

農家レストランの研修集風景、衛生・清掃についての勉強会

真剣な表情のスタッフ研修会。農家レストランのサービス研修風景

客数の目標」を読み上げる
9「今日も一日、よろしくお願いいたします！」と全員唱和して解了
10 全員で、あいさつ訓練を行い終了

朝礼は、慣れてくると以上の内容でも15分で終了できるが、慣れないうちは早めに開始するなどして、営業開始時間に間に合わせることが大事だ。

ところが、朝礼も毎日同じ繰り返しを続けていると、朝礼もマンネリになる。マンネリ化しているなと気づいたら、リーダーは即、朝礼の活性化対策を打たなければならない。誤っても、「朝礼がマンネリ化しているから、朝礼を廃止しようか？」などと愚かなことを考えてはならない。

マンネリに流されるとお客様に見抜かれてしまう

朝礼がマンネリ化している原因は、リーダーに責任がある。

「朝礼廃止！」などと言っている一般の会社や職場に行くと、なんだか緊張感がなく、惰性で仕事をしているところが多い。こういう場合、工場なら工場長、営業所なら営業所長、会社なら社長に原因がある。リーダーに緊張感がなければ、それは部下と職場全体に伝染して、職場そのものが駄目になって最後は倒産の憂き目にあう。

毎日流されて、だらだらと仕事をしていると、当初の緊張感を忘れ、惰性に流された仕事をしてしまう。それが、毎日の売上高や、予算達成率に現れる。

予算が達成できない……。売上高が昨年を割り込んでいる……。レストランに活気がない……。メニューに新鮮味がない……。

本当の話だが、マンネリに流されたレストランを、お客様は敏感に見抜いてしまう。

私は、小売業、飲食業、サービス業と6社

98

第3章　農家レストランの運営・経営ノウハウ

の会社を渡り歩いてきた。そのなかで心底感じた本当の話である。

「この店は駄目だ」と直観的に感じたお客様が、どんどんとお店から離れていってしまうのを何度も味わってきた。

リーダーは、忘れてはならない。「原点に返ること」である。

これを商家では昔から「本日、開店！」と呼んでいる。

「本日、開店！」とはどういう意味か？　毎日、「本日が開店日なのだ。あの緊張した開店日の瞬間を忘れず、いつも開店日の気持ちを持ち続け、お客様をお迎えしよう」という、自分自身を叱咤激励する言葉である。

農家レストランも同じである。農家レストランを開業させようと、最初の頃のあの燃えるような思い、高い理想や夢を忘れてはならないということだ。

農家レストランのリーダーには、重い責任がある。

三重県多気町の相可高校。高校生が土日限定で運営する「まごの店」朝礼風景

農家レストランでも、農村に宴会ができる場所が少ないので、宴席の申し込みは多い

仕込みや下ごしらえが多く、農家レストランの調理場はいつもテンヤワンヤ

それは、職場をいつも明るく元気に、緊張感のある雰囲気を率先して維持するという責任である。

責任者や店長が常にリーダーシップを発揮

毎日の営業をスムーズにこなすには、責任者や店長が営業の流れを常に予測しながら、次々と作業の指示を出してゆくことが必要である。

そして、お客様サービスに全力を注ぐと同時に、本日の売上目標を常に皆に意識させ、目標達成を図ってゆくことである。

リーダーの、こうした日々の継続的な努力が、職場に心地よい緊張感を生み、そして店舗スタッフの連帯感を生み、店のレベルを向上させてゆくのである。

これが、店長や責任者の「リーダーシップの発揮」である。農家レストランは、仲よし主婦のグループの場合が多い。

だから、「私が責任者？　それは嫌です。だって私たち平等なのですから」などと甘いことを言っていては駄目だ。

前述した、兵庫県多可郡多可町八千代地区で鯖の太巻き寿司を毎日1000本売る「マイスター工房八千代」代表の藤原隆子さん、福島県下郷町の里山で自家製蕎麦粉の蕎麦を売りものにしている「蕎屋」の室井京子さん、男どもの妨害を跳ね返すため議員に打って出た、福岡県福津市勝浦の「あんずの里市利用組合」の組合長井ノ口ツヤ子さん、皆それぞれ方法は違うが、凛とした立派な女性リーダーである。

せっかく自分たちの力で作り上げた夢の城＝農家レストラン。

リーダーがしっかりと緊張感を持って、農家レストランという素晴らしい女性の職場を引っ張っていってこそ、初めて夢の花が満開となるのである。

第3章 農家レストランの運営・経営ノウハウ

「QSC+A」の原則と臨店診断

「QSC+A」はレストランの経営原則

飲食店経営には「QSC」という原則がある。農家レストランも、飲食店の経営だから、この原則を踏襲しなければならない。筆者はこの「QSC」に「A」を付け加えて、「QSC+A」の原則と呼んでいる。では、「QSC+A」とは何かを解説してゆこう。

＊Q（quality）…クオリティ＝品質。「料理の品質＝味・鮮度・調理法・温度・盛りつけ」のことである。

＊S（service）…サービス。ホスピタリティある接客サービスのことである。

＊C（cleanliness）…クリンリネス＝清潔・整理整頓・経営管理までを含めたことである。

＊A（atmosphere）…アトモスフィア＝雰囲気。QSCが並みのレベル以上に維持されると、そのレストランにはよい雰囲気が生まれる。この調和のとれた素晴らしい雰囲気を、「A＝アトモスフィア」と呼んでいる。

Q・S・Cの3項目が完璧にできている店には、この「A」＝よい雰囲気が自然に誕生し、お客様を感動させる。

これら「QSC+A」は、米国式レストラン・マネジメント（経営管理）からきた言葉である。

料理は、言うまでもなく飲食業の命である。だから一品一品について、その料理や食材や調理法に関する、深い知識がなくてはな

101

らない。他店と明らかに違う、お客様が感動する秀逸な工夫がなされていなければならない。

それにプラス・アルファとして、どのような室内環境、つまり農家レストランとして、花や緑を飾って自然を取り入れたり、古民家風の雰囲気を演出、風雪に耐えてきた田舎家の居心地のよさを、上手に演出し、そこで気持ちよくお食事していただく。そのうえで、どのようなサービスでお客様をお迎えし、おもてなしするか？

前述した定型サービス程度では、わざわざ遠くまで来ていただいたお客様を感動させることは難しい。心のこもった、思いやりのある、ホスピタリティあふれるサービスが必要だ。

最後に、清掃と清潔。いくら古い古民家でも不潔な印象を与えてはならない。例えば、一般の飲食店なら、その店の裏口を見れば、そのお店の姿勢がわかると言われている。

裏口には、段ボールやゴミが乱雑に置いてある。揚げものに使用した廃油が、空き缶が放置してある。下水溝から異臭がする。

このような裏口や勝手口の様子を見聞すると、正面玄関が豪華な高級店、きれいに飾ってあるオシャレな店でも、調理場の衛生状態が想像できる。こんなお店に、お客様はわざわざ行こうとはしない。

だから、いつも清潔を第一に清掃を習慣化しなくてはならない。食中毒など、もっての

飲食店の裏口に放置されたゴミ。このような風景には経営者の姿勢が垣間見える

第3章 農家レストランの運営・経営ノウハウ

ほか。いつも清潔と鮮度管理を怠ってはならない。

クリンリネスとは、清潔・整理整頓・経営管理のことである。その意味で、飲食店の非常に重要な繁盛要素でもある。

このように、料理・サービス・清掃・清潔つまり、「QSC+A」をトータルに管理、コントロールしながら、農家レストランを運営しなくてはならないが、それは並大抵のことではない。

この「QSC+A」を維持するためのツール（道具）がある。それがこれから述べる「臨店診断」である。

「臨店診断」による改善とレベルアップ

臨店診断とは、実際にお店にうかがい、料理を注文し、お客様の立場でレストランの運営状態を観察して、QSCのすべてをチェックし、理想の状態が100点であるなら、今の状態なら何点なのか採点し、公表するものである。その意味で「検査」に近い。

「臨店診断」を別名「公式店舗検査」と呼ぶのはそのためである。では早速、それはどのようなものか見てみよう。

●臨店診断のねらい

① 検査の目的は、営業において売上増加や利潤増加に直接影響するような、お客様の不平・不満・非難を未然に防ぐことができるように、レストラン営業を批判的に、厳しい目を持って客観的に見るためのものである。

② この検査は、レストラン営業が、満足すべき状態にあるか否かを決定する基準となる。検査が適切に行われ、また改善に利用されることによって欠陥が是正され、従業員訓練のための資料ともなる。

③ 従って、お客様は、絶えず私たちを検査していることを忘れてはならない。

103

❷

13. お飲み物の注文をうかがった場合、すぐに（2分以内）テーブルへ出している	
14. 注文時、適切に料理の説明ができ、上手にお勧めができている	
15. 注文を受けたら、必ずもう一度復唱し、注文に間違いがないか確認している	
16. 料理を待たせたとき（10分以上）は、笑顔で一言"申しわけありません"と告げている	
17. 出来上がった料理は、すばやく提供している	
18. 料理が全部出そろったかどうかを、必ずチェックしながら確認している	
19. 注文をいただいたお客様に、絶えず注意を払っている	
20. お飲み物のお代わりは、タイミングよくうかがい、明るく声をかけている	
21. "お願いします～"と、お客様から言われる前に気づいてお席にうかがっている	
22. 料理の盛りつけや味などをうかがいながら、親しげにお客様と会話している	
23. 空になった器は、一声かけてタイミングよくさげている	
24. 中間でさげる場合は、お客様に不快にならない程度に実行している	
25. 自分が担当したお客様の、お見送りとお見送りの挨拶は、心を込めて行っている	
26. 片付けはすばやく、きれいに、あまり音をたてず行っている	
27. 洗場に汚れ物を運ぶときは、洗場の担当者に"お願いします"と一言告げている	
28. テーブル上の調味料セットは、正しくセッテイングされている	
29. 調味料の補充は、正しく清潔に行われている	
接客・対応・サービスの問題点	
	小計　点数　　　　点

3、レジの対応　＊評価は、◎3点　○2点　△1点　×0点で記入する

1. レジ前でお客様を待たせていない。または、レジのお客様にすぐに気づいている	
2. 料理・サービスの満足度をうかがいながら、精算業務をしている	
3. お会計の手順はすばやく、決められた金銭授受どおりに正確に行っている	
4. カード決済の場合も、手際よく行っている	
5. 領収書は、すばやく発行している、手書きの場合もすばやく丁寧に処理している	
6. お客様を笑顔で、玄関の外に出て、丁寧に見送っている	
7. お客様のお帰り時、担当以外の従業員も作業を止め、一声感謝の言葉をかけている	
8. お帰りの際に、今度のフェア等の告知や販促ビラなどを手渡し、再来店を誘っている	
レジの対応の問題点	
	小計　点数　　　　点

4、クリンリネス（店内の清潔・衛生度） ＊評価は、◎3点　○2点　△1点　×0点で記入する

1. 店舗の入口周辺はいつも清掃が行き届いている（玄関マット、傘立て、下駄箱）	
2. 窓ガラスと窓枠とさんは磨かれている（店内天井・エアコン吹き出し口・照明器具）	
3. 店内装飾品や生け花は、いつも管理され手入れがなされている	
4. 冷暖房は適温が維持され、ＢＧＭも適切な内容・音量である	
5. 床のゴミは拾われており、敷物などの染み（気になるほど）汚れがない	
6. 椅子・テーブルはきれいに拭かれて、ガタつき・破損がない	
7. 椅子・テーブルの下に、ゴミなどが落ちていない	

第3章 農家レストランの運営・経営ノウハウ

臨店診断表 ❶

日本フードサービスブレイン　店舗診断用フォーマット

店　　　名		年			天候	
		月	日	曜日		

業態特性	

滞店客数	人	時間帯	： ～ ：

立　　地	□駅前　□市街地　□商店街　□住宅街 □農村　□郊外地　□バイパス沿い　□観光地　□商業施設内 ＊商業施設の場合、その名称「　　　　　　　」階数　　F

客層の特徴 ＊複数個チェック可	□主婦□有職主婦□女性グループ □若いサラリーマン□若いＯＬ□中年サラリーマン□勤め人風 □労働者風□運転手・工員・建築土木作業員・その他 □若者□中高生□大学・専門学校生□フリーター風 □中高年□中年男性□中年女性 □老人

1、飲食業としての基本姿勢　　＊評価は、◎3点　○2点　△1点　×0点で記入する	
1. 店内は、いつも元気で明るい笑顔と挨拶で満ちあふれている	
2. お客様に接する態度は、いつもていねいで、親しみやすく、明るい	
3. 従業員は決められた、清潔なユニフォーム姿である	
4. 男・女従業員は、接客業らしい華美ではない化粧と、身だしなみを実践している	
5. 手・指・爪は、決められた手洗い方法で洗い、清潔な状態を維持している	
6. 接客サービス業にふさわしい、言葉づかいができている	
7. 従業員皆が、きちんとした姿勢、お辞儀、そして"ハイ！"という返事ができている	
飲食・サービス業としての基本姿勢の問題点	
	小計　点数　　　　点

2、接客・対応・サービス　　＊評価は、◎3点　○2点　△1点　×0点で記入する	
1. 仕事は基本（マニュアル・規則・きまり・通達）に忠実にできている	
2. 仕事は、スピードがあり、しかも丁寧である	
3. ムダなおしゃべりをしたり、手待ちになっていることはない	
4. お客様のご来店時、お迎えや挨拶が、元気よく明るくできている	
5. 玄関からお客様が見えられたとき、瞬時に気づき、スピーディーに対応している	
6. お客様の姿が見えたら、他の従業員の声が聞こえたら、皆がすかさず挨拶をしている	
7. 席がいっぱいで、ウェイティングされるお客様に、きちんとした対応ができている	
8. 待てずに帰るお客様には、丁寧にお詫びして、再来店のサービス券など渡している	
9. 長くお待たせしているときでも、時折笑顔で、お待ちのお客様へ一言告げている	
10. 案内は、"ご案内いたします"と皆に聞こえるように、大きな声で行っている	
11. お客様の着席後には、素早く係が対応し、笑顔で接客している	
12. まず笑顔で対応し、自分が担当であることを告げ、丁寧におしぼりを手渡している	

❹

5. 定期的に販促活動日を決め、近所や市内で販促ビラをポスティング（投入）している	
6. ポスティング（チラシ投入）だけではなく、在宅のお客様には手渡しで渡している	
7. 納入業者さんや営業マンにも、必ずサービス券を渡し、来店をお誘いしている	

販促の問題点

　　　　　　　　　　　　　　　　　　　　　　　　　　　　　　小計点数　　　点

7、店長のマネジメント　　＊評価は、◎3点　○2点　△1点　×0点で記入する

1. 忙しい時間帯は、店長が陣頭に立って指揮し、自らもお客様のテーブルにうかがっている	
2. 部下に対し、場面に応じて、適切な指示を出している	
3. 自らもお客様にご挨拶し、お客様の満足の度合いをうかがっている	
4. たえず全体を見ながら、バランスよい運営を心配りし、店長らしい仕事をしている	
5. 店長は、一つの仕事に熱中し過ぎず、全体を考え行動している	
6. 顧客アンケートを読みながら、書いてくれたお客様にお便りを出している	
7. 顧客アンケートを全員に公開し、改善のためのアクションを行っている	
8. 売上予算を作成し、その目標に向かい全力で努力している	
9. 営業日報は適切に記入されており、その内容を分析して適切な対策を行っている	
10. 食材費比率と人件費比率は守られており、ＦＬ合計で60％以内におさまっている	
11. 常に、部下に気を配り、熱心に教育し、研修会などを定期的に開催している	
12. 新人バイトの教育は、率先して行っており、上手に育成している	

マネジメントの問題点　臨店時の店内状況と、当時それにふさわしい運営管理がなされていたか

　　　　　　　　　　　　　　　　　　　　　　　　　　　　　小計　点数　　　点

総合点数をつける　□2点　△1点　×0点

総合計　　　　　点　　全体点数 300 点　　獲得％　　　　　　％

講評

今回の「臨店診断」で判明したマイナス点の、改善のための具体的アクション（店長記入）

　私は、今回の「臨店診断」の結果を受けて、　　　年　　　月までにこの問題点を解決します。

店長　サイン

第3章　農家レストランの運営・経営ノウハウ

❸

8. トイレは臭気もなく、隅々まで清掃がなされ、紙・洗剤の補充が行き届いている	
9. トイレの流水・手洗いの清潔さ・施設の破損・清掃用具の整理整頓が適切である	
10. 掃除道具は、もとの場所に戻され、保管場所にきちんと整理・整頓されている	
11. ピーク時のトイレ・チェックがきちんと行われている	
12. 裏口周辺の、空き瓶から箱・廃油などの整理整頓は、いつもきちんと行われている	
13. 従業員はたえず、整理整頓・清掃を心がけている（クリーン・アズ・ユーゴー）	
14. 店舗の外回り、外装・看板にも、店長の目が行き届いてチェックがなされている	
15. 店舗周辺の植え込み・庭園の水やりなど、外回りの手入れは行き届いている	
クリンリネスの問題点	
小計　点数	点

5、料理の出来栄え　＊評価は、◎3点　○2点　△1点　×0点で記入する	
1. 料理は味がよく、決められたレシピどおりである	
2. 料理提供時間は、このような店舗にふさわしく適正である	
3. 時間計測　メニュー名（　　　　　　）調理時間（　　　　　　）早い・遅い	
4. 盛りつけは、いろどりよく、きれいで食欲をそそる	
5. おいしそうなにおい、提供されている温度が適正で、食べると触感が素晴らしい	
6. 調理法や、焼き方、揚げ方、カッティングに、ミスや問題はない	
7. 調理場は、担当が明確で、各担当者は責任を持って調理・仕込み作業ができている	
8. ピーク時には、デシャップ窓口が一本化しており、ミスや混乱は見られない	
9. 温かいものは温かく、冷たいものは冷たく、提供できている	
10. 温かい料理は温食器、ドリンクは冷グラスで提供されている	
11. 料理の味は、皆が納得する水準以上の味である	
12. 料理の味と価格は適正で、釣り合いがとれている、それゆえに満足度が高い料理である	
13. 使用している皿や食器は、センスのよいもので食事が楽しくなる	
14. 皿は欠けや、汚れのない、きれいなものを使用している	
15. 食材の鮮度は、新鮮でみずみずしく、高い保管レベルを維持している	
16. 食材の保管場所は、整理整頓され、在庫が一目でわかるようになっている	
17. 食材の発注は、営業予定をきちんと把握して、適量が発注されている	
18. 仕込み品やデザートなど、冷蔵庫のストックは、きれいになされ日付がついている	
19. メニューブックは清潔に、破損なく維持・管理されている	
20. 品切れは、マジックや貼り紙などで、見栄えが悪く、訂正や変更がされていない	
21. 差し替えメニューやお勧め、日替わりメニューは、わかりやすく表示されている	
料理＆メニューの問題点	
小計　点数	点

6、販売促進　＊評価は、◎3点　○2点　△1点　×0点で記入する	
1. ご来店いただいたお客様に、たえず再来店のお誘いハガキやメールを出している	
2. お便りに自分の名を書き、来店時にお声をかけていただけるように、お誘いしている	
3. 苦情や、おほめいただいたお客様にも、お詫びとお礼の葉書やメールを出している	
4. 定期的な販促活動（営業）を決めて、企業や事務所を訪問し再来店をお誘いしている	

④この検査報告書による、合格（70％以上）、不合格（69％以下）は、その店舗におなで真剣に話し合い、農家レストランのQSC+Aを、常にベストな状態に保ち、素晴らしいお店に磨き上げていく努力を促す。

ける管理責任でもあるので、店長および店舗の責任者は常に向上すべく努力をしなければならない。

⑤当該検査は、コンサルタントや外部の専門検査員によって行われ、少なくとも2ヶ月に1回は完全な検査を行い、従業員や経営側への報告書として活用される。

⑥問題箇所はコメントによって記載・表記されるので、その点を重点的な改善項目として改善に努力しなければならない。

●結果を公表し、奮起を促す

その検査結果を、店舗のバックヤード（事務所や掲示板）に貼り出し、「臨店診断の結果は、○○点です」「現在目標を大きく下回っています」などと公表し、スタッフに奮起を促す。

月一度行われる研修会やミーティングの席

常に清潔・整理・整頓を心がけ、実践する

クリンリネス（cleanliness）と呼ぶといつも清潔で衛生的な状態に保つことを、きた。

クリンリネスは、なぜ大切なのか？
それは飲食業が食べものを扱う商売だからである。食中毒事件など、最近は食に関するさまざまな事件が話題にのぼる。お客様の関心も高い。食品と衛生に対する、飲食店を経営する人々の厳しい姿勢こそが、農家レストラン成功の大きなポイントでもある。

衛生に対する気配りが感じられない、そんな不潔な店舗で料理を作る。

洗い終わった食器は、すぐに定められた場所へ収納すること

これでは、お客様には支持されない。人気があり繁盛しているお店で、たまに汚いお店がある。

女性たちは、もうこういうお店に行かなくなっている。女性だけではない。清潔感がない飲食店など、本来、論外なのだ。

トイレに行くと、汚れた清掃道具が乱雑に置いてあり、便器が汚れにている。店の前に野菜の段ボールが無造作に積んであり、テーブルに座ると、椅子とテーブルが油でべたつく。店舗裏には廃油缶が放置されている。出てきた料理の皿のフチが欠けている。ビールの空箱が店横に置いてある。汚れたダスターで掃除をしている。調理場からドブ臭いにおいがする……。

こういう光景は、どこの飲食店でもありふれた光景だ。

しかし、これでは話にならない。もうこんな飲食店やレストランは駄目だ。こういう飲食店は、早晩必ず駄目になってゆく。

営業が終われば、徹底的に掃除をするくらいの気持ちで、きれいな店作りを心がけねばならない。

●クリーン・アズ・ユーゴー

清潔さを保つには、手の空いたときに、いつもきれいにすることを習慣づけることである。

この習慣づけを「クリーン・アズ・ユーゴー(clean as you go)」と呼ぶ。

クリーン＝清掃、アズ＝〜と同時に、ユーゴー＝あなたが動いていきながら清掃するという意味である。

つまり「仕事をしながら、周りをいつもきれいにしましょう」ということだ。

水道の水を出して水がはねた。そしたら水を止めて周りをきれいに拭く。

野菜の仕込みが終わったら、野菜くずや包装紙などをすぐに掃除し、周りをきれいに拭いておく。汚れたら、すぐにさっと清掃する。

このことが徹底できれば、整理整頓の8割

なのだ。これが「クリーン・アズ・ユーゴー」

この、常に掃除をする習慣づけを徹底すると、汚れの70％は解消し、閉店後の大がかりの掃除も、非常に軽くて楽なものになるはずだ。

●定物・定位置管理

クリンリネスを実現するために、次に「整理整頓」を心がけることである。

このポイントは「定物・定位置管理」だ。

まな板はここ、刃物類はここ、ボウルはここ、お膳はここ、食器はここ、清掃道具はここ、ホールで使う備品はここ、洗剤の置き場はここ、レジ締めに使用する文具はここ、と店で使う道具のすべての置き場所をきちんと決め、常にその場所にこれらの道具をおさめる（使い終わったら、所定の場所へ即、返却する）ことである。

インテリアに季節感を取り入れ雰囲気を盛り上げる（古民家レストラン独鈷）

は達成できる。「ほんのちょっとの間だから」という気持ちで、刃物などをまな板の横に置き去りにする。

家庭調理ではそれでもかまわないが、ここは不特定多数のスタッフが、必死に働く場所である。誰かが怪我をしてからではもう遅いのだ。

この「定物・定位置管理」が守られず、乱雑で汚くて、何がどこにあるかわからないような最低の調理場やお店、ホール、パントリー（ドリンクなどを作ったりする場所）が多すぎる。

整理整頓は、効率的な清掃を可能にし、短時間で、少ない労力で、スカッとした店を実現することができる。

「定物・定位置管理」を意識して、みんなで注意しあいながら習慣化して、実行していただきたいものである。

日々の売上管理と原価管理の基本

売上データをもとにしたマネジメント行動

レストランの経営にとって、売上予算、売上実績、対昨年比、予算達成率、客単価、客数、食材原価率、人件費率などの経営数値は、非常に重要なものである。

経営数値を読み取る力、または縦横に活用することのできる能力を「計数能力」と呼んでいる。計数能力が一番必要になるのが、農家レストランのリーダーである。

しかし、今までそんな経営数値などに無縁の生活を送ってきた農家のお母さんたち、一番苦手にしているのが、この「計数能力」である。

「数字に強い」計数能力とは、ただ単に計算が速いなどということではない。リーダーに必要な計数能力とは、

- 現状の営業状態を数値で観察し
- その数値の原因を探し求め
- その数値を改善するために、どんな効果的な手を打つべきかを考え
- その結果を数値で判断する

ことなのである。計数能力とは、とりもなおさず数値を分析し、考え、アイデアをひねり出し、数値で説得し、現場で数値をもとに改善を実施し、ベストな結果（数値）を求める一連のマネジメント行動を意味している。

それでは具体例をもとに考えてみよう。

例えば、売上高の昨年比を見てみよう。昨年同日の売上高が10万円、本日の売上実績が8万円であると仮定しよう。単純に比較する

第３章　農家レストランの運営・経営ノウハウ

と昨年比80％の実績で、20％もダウンしている。しかし、昨年の今日は土曜日であり、今年は月曜日だから、お客様に飽きられたとか、そういう意味ではない。原因がわかれば、たいした問題ではない。

問題は、今年の先週土曜日の売上高である。昨年と比較するとどうなのか？　今年先週の土曜日は、11万円売り上げている。そうすると、昨年と比較すると、1万ほど多く売っている。これは、昨年よりもお客様に支持されていると考えて、喜んでいいのだろうか？

そこで、昨年の土曜日の客数を見てみると90名で、客単価が約1110円。先週の土曜日の客数は同じく90名で、客単価は約1220円である。客数は前年と同数なのに客単価が違う。これはどうしてなのか？

昨年と経営環境を比較してみよう。半年前、隣の集落に、フランスで修業した洋食シェフが帰村して、本格的な洋風の農家レストラン「オーベルジュ（農家民泊の洋風レストラン）Y」をオープンさせた。

その影響で、わが農家レストランも一時売上が下がったが、しかしさまざまな努力の結果、売上をもとに戻すことができた。

本当に立ち直ったのか？　本当に立ち直った証拠が、数値に表れている。客数が昨年と同等の数字に戻っているというのがなによりの証拠。

では客単価は、なぜ上がっているのか？

それは、隣村の「オーベルジュ　Y」に対抗するため、当店のレジ周辺に、お持ち帰り用の自家製お惣菜と漬物のコーナーを作り、販売し始めたからである。

土曜日なら1日30パック売れる。その平均単価が330円で、3人に一人のお客様が購入し、その結果1万円近い売上増になっているのである。

113

数値から問題点を読み取り的確な対策を打つ

 こうして、出てきた数値をいろいろな数値と比較すると、原因と結果とその理由が明らかになる。

 その違いが、わが農家レストランの特徴であり、その特徴はわが店の強みと弱みでもある。

 この農家レストランの強さとは、新たに始めたお惣菜の持ち帰り販売である。これをもっと強化して、農家レストラン経営の第二の柱にしなければならない。そのためには、3人に一人が買うのではなく、二人に一人が買うような、もしくは平均一人2パック買っていただくような、惣菜商品のレベルアップ、味、見栄え、パッケージ、ネーミングの工夫を繰り返さなければならない。

 などということを、数値をじっくり相互に見比べながら、腰を据えて自問自答してみるのである。

 つまり、深く考えることである。目先のことに追われて、あまりにも忙しい毎日。しばらく、じっくりと腰を据えて考えたことなどあっただろうか。ゆえにこの際、数値をじっくり見比べながら、しっかりと考えをめぐらせてみるのである。

 このように、農家レストランのリーダーに要求される計数能力とは、毎日の数値の微妙な変化から、その問題点を読み取り、的確な対策を打つことなのである。

 難しい分析式は何も知らなくてもよい。次の手を打つために熟慮し、適確・有効な対策を立て、それを決断・実行する勇気こそ、真の計数能力である。

 その意味で計数能力とは、リーダーにとって不可欠な経営能力である。

 結果として出てきた数値に一喜一憂することなく、日頃の店舗運営のなかで店舗スタッフの育成を通し、彼らにもその計数能力を確

第3章 農家レストランの運営・経営ノウハウ

店舗営業日報の例

記入者　　　　　印

月　日（　曜日）　営業時間　時〜　時			天気	気温

売上高	1.	本日売上予算		円
	2.	売上予算累計	*今日までの累計	円
	3.	本日売上実績		円
	4.	月間売上高累計	*今日までの累計	円
	5.	月間営業日数	*営業日数	円
	6.	1日平均売上高	*4÷5	円
	7.	前年本日売上高		円
	8.	前年月間累計売上高		円
	9.	売上予算対売上高累計	*4÷2×100	％
	10.	本年累計売上対前年累計売上	*4÷8×100	％
客数	11.	本日客数実績	*今日の客数	人
	12.	月間客数累計	*今日までの累計	人
	13.	前年客数実績		人
	14.	前年客数累計		人
客単価	15.	本日客単価	*3÷11	円
	16.	月間平均客単価	*4÷12	円
	17.	前年本日客単価	*7÷13	円
	18.	前年平均客単価	*8÷14	円

朝礼伝達事項

□　以下は、宴会予約

氏名	人数　　人
到着時間	
料理内容・金額	
氏名	人数　　人
到着時間	
料理内容・金額	
氏名	人数　　人
到着時間	
料理内容・金額	

過不足金　*本日のレジ過不足（±）　　円　　　過不足金　理由

人員シフト管理表

	9	10	11	12	13	14	15	16	17	18	19	合計
店長												

労働時間

19. 本日の総労働時間数	h	20. 月間労働時間数累計 *今日まで累計		h
21. 本日の社員人件費	円	22. 月間社員人件費累計 *今日まで累計		円
23. 本日までの総人件費（*20×当店平均時給円）+21	円	24. 本日までの人件費率（L）23÷4×100		％
25. 本日の人時売上高　*3÷19	円/h	26. 累計人時売上高　*4÷20		円/h
27. 本日の食材仕入れ額・伝票計	円	28. 月間仕入れ額累計 *今日まで累計		円
29. 本日消費税　*3×0.05		30. 月間食材原価率（F）28÷4×100		％

メニュー売れ数	1位	2位	3位

特記事項（朝礼伝達事項、運営上の問題、伝達事項、アルバイトの出欠勤・面接、業者連絡、機材のトラブル、修理、工事など）

実に身につけさせることである。そのもとになるのが、営業日報である。

数字のどこを見るのか？ 計数管理の勘どころ

計数管理で大事なことは、「大雑把に数字で流れをつかむこと」である。重要なのは「予測力」である。

「予測力」とは、昨日までのことを分析しながら、今日のことを予測し、そして明日以後のことを予測し、しかるべき手配（人員手配、食材発注、仕込み、営業準備）を行うことである。

この予測力が、農家レストランのリーダーにとって、非常に重要な能力である。なぜ予測能力が大事なのかと言えば、予測することによって先手を打ち、無用なトラブルを未然に防止することができるからだ。

今日、お客様は何人いらっしゃるだろうか

（売上と客数の予測）。人数によって、必要な食材の量・数が違ってくる。

トンカツならば、付け合わせのキャベツ一人当たり平均約100gとして、お客様20人ならば最低2kgは必要になる。ゆえに、間違いのないキャベツの注文数量と、キャベツの仕込み作業が実行できなければならない。

さらにプラス・アルファの量も用意する。ひょっとしたら、あと10人突然入るかもしれない。いや、雨が降って予想の20人が、15人に減るかもしれない。しかし多めに仕入れておかなければ、もしものときには品切れして、お客様に迷惑がかかる。

そこで空を見ながら、今日の天気予報などを聞きながら、どうなるかを予測するのである。昨日までのことを分析しながら、今日のことを予測する。予測しながらも手は休ませない。働きながら予測をし、未来へと手を打っていく。

この予測は、食材だけではない。今日、お

第3章 農家レストランの運営・経営ノウハウ

そらく二十数名のお客様がいらっしゃるだろうから、トイレットペーパーは何個在庫があるだろうか。あそこに3個あったな。では間に合うだろう。洗面所の手洗いの液体石けんがなくなりつつある。あれはもつだろうか、もたないだろうか。

お客様に出すおしぼりもそうである。11時30分のオープン時、昼の営業時間には何本必要だろうか。お昼に20人、いやひょっとしたら30人来るかもしれないので、30個はおしぼりウォーマー（保温庫）に入れて温めておこう。

おしぼりを温めるには30分くらいかかるから、11時には30本のおしぼりをウォーマーに入れておかなければならない。

料理の皿は人数分あるだろうか。人数分の皿をそろえると、洗い場に一人いらなくなったという例がある。お店の皿数をもう一度確認してみよう。

さらにもう一つ大事な予測がある。それは本日の「人員シフト」である。今日は誰が何時ごろ何人いるだろうか。仕事の段取りをどうつけるかの大事な判断が、この人員シフトである。

もしもホールに一人しかいずに、突然20人のお客様が入店してきたらどうだろう。一人でも対応はできるが、気がきかないおざなりの接客しかできないだろう。それでお客様の満足が実現しない。また、忙しい日曜日にベテラン主婦が接客に当たり、暇な平日に新人の高校生が接客したり、手持ち無沙汰で掃除ばかりしていたらどうだろうか？

人員シフトの管理は難しい。しかし、それをやり切っていかなければ、農家レストランの繁盛を勝ち取ることはできないし、人員シフトがでたらめなお店は、勝ち組にはなれない。

このように、日々の売上、経費、在庫、人員シフトなど、数字に関することを常に頭に入れておけば、迷うことのない農家レストラ

ンの運営が可能となるのである。

仮説を立て、実践・検証し、店舗業績を伸ばす

コンビニ業界での話である。

コンビニ業界では、現状を分析し、問題点の原因対策として「仮説」を立て、それを「実践」「検証」することで、店舗業績を大きく伸ばす方法が盛んに行われている。飲食店経営にも大いに参考になるので、その事例をご披露しよう。

有名な大手コンビニエンス・ストア本部の幹部に、知人のAさんがいる。そのAさんが、以下のような事例を筆者に話してくれた。

Aさんは以前、このコンビニエンス・チェーンの東京都内板橋地区の営業所長に就任していた。そこで各店を指導しながら、売上不振店の立て直しに日夜奔走していたという。

ある私鉄駅前の、人通りの多い商店街に、販売不振のB店があった。周辺は人口密度も高く、単身者用マンションが多い街で、コンビニエンス・ストアには絶好の立地だ。だが、B店の売上高は前年度を大きく下回っている。

B店を取り囲むように、競合するコンビニ数店が、挟み撃ちのように出店してきた。しかし、それでもB店が駅に一番近い有利な立地を押さえていた。

B店を訪問してみると、不動産業のオーナーに雇われた中年店長が、やる気なさそうに接客しており、いたるところ問題だらけで、店内は相当に荒れている。

そのとき、AさんはB店のコンピューター記録を調べてみた。ある事実を発見する。

毎月第二、第三、第四火曜日の夕方に限って、40個在庫あるはずのおにぎりが、全部売り切れ、品切れを起こしているのである。

「なぜか？」

第3章　農家レストランの運営・経営ノウハウ

バイキング式。仮説を立て、実践・検証する

店長に聞いても、返ってくる答えは、「単なる偶然じゃないですか？　競争相手のコンビニの品切れの影響でしょう」とそっけない。

この疑問を解決するために、現地を調査してみた。

調べてわかったことは、A店から350mほど先に、有名な宗教団体の会館があり、そこでそれらの日（毎月第二、第三、第四火曜日）の夕方に、青年信徒研修会が開かれているらしいことである。駅から実際に歩いてみると、B店の前を必ず通ることがわかった。おそらく熱心な青年信徒たちが、夕方の勤めを終え、急いでこの会館に駆けつけるときに、B店でおにぎりを買ってゆくのではないかと想像できた。この「仮説」をB店長に話し、「当日の夕方に、おにぎり100個そろえてみないか？」と嫌がる店長の説得にかかった。

「そんなに言うならやりますが、もし残った

119

ら全部買ってくださいよ！」と言う。説得のために「わかった。その代わりこれがうまくいったら、店内の掃除を真剣に実行するって約束してくれますね！」

そんなやりとりの後、B店長の重い腰を上げさせることができた。果たして当日の夜、100個のおにぎりはすべて売り切れていたのである。

次の火曜日、今度は思い切って130個そろえてみた。深夜のメンバーに聞くと、5個

たらいうどん（もしくは釜揚げうどん）にてんぷら、デザートなどを加えたセットメニュー。茨城県水戸市の椛や

のロスしか出ていないという。

翌週も同じ挑戦は続いた。それ以後、ほかの商品群でも「仮説」→「実践」→「検証」の作業が続けられ、結果的にB店は見事に立ち直り、今では当地区の優秀店になっているという。

この事例からわかることは、普段の何気ない数値の変化から、お客様ニーズの微妙な変化と新たな販売チャンスを探りだし、なんらかの仮説を立てて、それに果敢に挑戦し、その結果を検証する作業を繰り返すことで、単なる数値分析だけではない、実践的で効果的な計数能力が身につくのである。

しかし、それには、普段からの訓練が必要である。

コンピューターの記録や営業日報などから、細心の注意力で数値の微妙な変化を読み取り、「仮説」→「実践」→「検証」を繰り返すことで、農家レストラン経営においても抜群の計数能力が身につくに違いない。

発注、納品、仕込み、デシャップと惣菜販売

食材の在庫を確認し、不足食材の発注と納品

早番がお店に来てしなければならないことの中に、本日のランチで使用する食材の在庫確認がある。しかしあてずっぽうに、「これくらいあるから、これでいいわ！」などと考えてはならない。正確な使用食材の予定を確認しなければならない。

それにはまず、本日の売上高予測をする。正確な予測は、単品別の売れる「出数」を予測することだ。そのために、毎日の出数チェックが参考になる。

出数は、だいたい毎日似たような傾向になる。ざる蕎麦と天ぷら蕎麦、そして山菜蕎麦の売れ筋3種類の蕎麦と、その他の蕎麦の合

計出数は、毎日40前後出ているとしよう。来店客数は約50人。ほとんどのお客様が蕎麦を食べていることになる。

だから、この農家レストランの蕎麦打ちは、午前11時には35人前、午後1時には15人前か、売れ行き、お客様の入り具合を見て、人数分を打たなければならない。

これは蕎麦の例だが、出数の予測ができたら、レシピにもとづいて、使用する食材の在庫量を確認する。

食材の在庫量を確認した後、早番の判断で、これだけの量なら「本日の営業で使い切ってしまう」、または「明日の朝、仕込みをしなければ間に合わない」などという判断をして、食材を発注しなければならない。これを不足食材の注文と言う。

納品伝票と、納品された野菜の計量。正しく納品されているか計量する

昨日、または2日前に注文しておいた食材が、午前中に納品される。ここで早番がしなければならない重要なことがある。「計量」である。

納品された食材は、必ず計量することを習慣づけなければならない。どんなに忙しくても、納品伝票どおりのグラム数が、正確に納品されているのかを確認しなければならない。

別に、「伝票よりも少なく納品しているのでは?」と取引先を疑っているのではない。計量することは、ビジネスとして農家レストランを経営している以上、当たり前のことだ。また、こうしたきちんとした姿勢を見せることによって、取引先に対して、「私どもは正しく正確な農家レストラン経営を行っている」というPRにもなる。

納品時間は、お昼の営業時間を避けてくれるように、納品する方にお伝えしていただきたい。

お昼は、お客様対応に全力で向かわなければならない。そんな重要なときに、納品の計量などやっている暇はない。

食材の発注は、昼の営業が済んでからも行わなければならない。これを定期発注と言う。定期発注は、倉庫の中や冷蔵庫の在庫を調べた後に行うのが普通である。

では在庫を調べた後に、どのくらいの食材を発注すればよいのか。これにはやり方がある。「定量発注」である。

売上予測と出数予測から、少しだけ余裕のある一定量を、あらかじめ決めておく。これを「定量」と言う。この「定量」と在庫を見比べて、最低在庫になったときだけ発注するのである。

例えば、トイレットペーパーを、わが店では一ヶ月に12ヶ入りを二つ使用するとしよう。つまり24個だ。

営業日が24日として、一日1個使用していることになる。であるなら、在庫が最低でも4個のときに次のオーダーを実行すれば品切れもなく、スムーズに補充することができる。

このように、最低在庫量を目安に発注を実行するのである。

仕込み作業は勘や慣れでなく出数予想から割り出す

仕込み作業は、「勘」や「慣れ」で行ってはならない。これも、出数予想から割り出して決めなければならない。

何を、どのくらい仕込まなければならないか、調理を担当する人間全員が知っていなければならない。そのために、仕込み作業黒板を、調理場の入口に設置するとよい。

仕込み作業黒板には、仕込み食材の種類、仕込み方法（千切りだとか、カット後に水にさらすなど）、仕込み量（何人分）、仕込み作業の終了予定時間、が書かれていなければな

らない。

ここで忘れてならないことだが、昼の営業が始まっているのに、一部の人間に仕込み作業をさせているレストランがある。

これは意味がない。

昼の営業が始まれば、全員で調理や接客に専念することだ。基本的には、その日使う分量しか仕込んではならない。

なぜなら、われわれが経営しているのは、食の安全・安心を実践する農家レストランだからだ。

その農家レストランが、いくら仕込みや調理作業が大変だろうが、1週間分の食材の仕込みをいっぺんにやって、冷蔵庫に貯蔵しておいてよいわけがない。

漬物や、味噌、酢漬けなど、漬けこんで味が出てくるものは例外として、新鮮さが命の食材を、作業優先だけで、無闇に大量に仕込んではならない。

料理のデシャップへの期待

農家レストランの調理は、レストランの核とも言うべきものである。お客様が求める、おいしさと、安全・安心、健康への機能性、それに加えて懐かしい郷土料理などの創作性、これらを上手に表現しなければならない。もちろん、調理の基本作業、食材の新鮮さ、料理の温度、料理のでき具合（中まで煮えているのか、焼けているのか？）、異物などが入っていないか、お客様が満足する量か、食感はどうか……。

これらすべてに気を配り、調理しなければならない。

料理を仕上げ、盛りつけて出すことを、「デシャップ（Dish-up）」と言う。

当然、盛りつけには細心の注意を払い、見ため、いろどり、温度、においなどに配慮して、最高の料理を提供しなければならない。

第３章　農家レストランの運営・経営ノウハウ

見事なデシャップ（盛りつけと最後のチェック）。お客様が待つテーブルに運ぼう

よく繁盛している、レベルの高い飲食店で見かけることだが、料理がテーブルに運ばれていった瞬間、お客様の「オオ～！」という感動する声、おいしそうな料理への大きな驚きと、期待でわくわくする声が聞こえてくる。

これこそ、料理を出す醍醐味である。こんな遠くの農家レストランに、ようこそいらっしゃいました。存分に、料理を堪能してくださいと、調理している人々にも、仕事のやりがいと満足感が生まれる瞬間である。

私たちは家庭の主婦。「だからそんな、調理仕事の満足感や、やりがいなど、めったに感じるものではない」と考えてはならない。

料理を提供する、すべての人々が共通に心がけねばならないことは、デシャップ時のこれらの配慮と感動だ。

農家レストランの運営を、気軽に考えてはならない。

農家レストランにお客様が求めるものは、実はほとんどの外食産業が忘れてしまった、

125

調理する喜びであり、お客様の期待と感動なのだ。

だからこそ、農村のお母さんたちが作る素朴な料理を求めて、お客様がわざわざこんな遠くまでやってきているのである。

筆者は、長いあいだ外食の世界で仕事をしてきた。しかし、外食の産業化が進んでくると、飲食店が本来持っていた「料理を作る、料理を食べる感動」というものがどんどん失われてゆくことに気づいた。

調理がシステム的になればなるほど、無機質なレストラン運営になってゆく。これでは、なんのための産業化なのかわからない。人間の幸せは、存分に生きることだ。その一端を占めているのが、「食べる楽しみ」である。

おいしい料理を前に、親しく、愛しい人々と、楽しく愉快に食事することは人生の楽しみだ。

そういった楽しい食事をすることで、幸せを実感することができる。義務的な食事、食事に楽しみがなく、一人わびしく食べる食事。仕事中や忙しいときには致し方ないが、休日や夕食の時間、そんな食事になんの意味があるのか？

だからこそ、農家レストランに寄せる期待は大きい。農家レストランには、ぜひ素晴らしいデシャップを期待したいものである。

手作り惣菜の持ち帰り販売

筆者は最近、農家レストランで作るお料理のテイクアウト（持ち帰り）販売を推奨している。これからの農家レストランの経営の第二の柱が、手作りのお惣菜の持ち帰り販売だと確信している。

農家レストランの形態で、食べ放題のバイキング式が多いと述べてきた。筆者としては、このバイキング式は、あまりお勧めした

第3章　農家レストランの運営・経営ノウハウ

くない。その理由の一つに、食べ残しが大量の残渣（生ゴミ）となり、食材ロスにつながると強調してきた。

そのロスを減らすことができるのが、手作りお惣菜の持ち帰り販売である。この方法は、普通の農家レストランでも、今後有望ない。

農家の主婦は忙しい。農家レストランに勤めて働くようになれば、家庭で夕食の調理な

どできなくなる。それがこの、お惣菜の持ち帰り販売につながった。

自分たちにとっても便利なものだ。まして、近所の見知っているお母さんたちの手作り料理だから、なおさら安心・安全だ。

スーパーのお惣菜だと、冷凍食品や業務用食材、人工甘味や添加物を使っているから、見栄えはよくてもあまり買いたくない……というのが本音だ。

手作り惣菜には、和食も洋食もあるが、パウンドケーキなども製造し、販売したい

もとの給食施設の機器を使い、手作り惣菜を製造するレストランのスタッフ

お惣菜は、これからの農家レストランの第二の柱になる有望商品

バイキング式なら、たとえば100g＝80円くらいに決めて、好きなものを詰め放題にし、最後にレジで計り売りしたらどうだろう。これは、果樹園などで行われる、「梨のもぎとり」「イチゴ食べ放題」などの販売方法と同じだ。好きに梨やイチゴを摘んでもらい、あとからグラムで計って料金をいただくやり方だ。

この手作りお惣菜を、飲食店が店頭で販売するアイデアは、実は、都心の飲食店の最新の経営手法でもある。

名物料理をテイクアウト販売し、大成功している飲食店が数多く存在している。

わが国の、外食業の売上高は年々減少傾向にあるが、「お惣菜」は、急激な売上の伸びを示している。

外食よりも、家庭に持ち帰って食べようという傾向が強まっているからだ。

不景気なせいもあるが、高齢化と社会の成熟化が持ち帰り惣菜が売れている理由。家庭で、おいしい料理をのんびりと食べたいという欲求は、今後ますます伸びてゆくに違いない。

いずれにしろ、この傾向が、都市住民だけではなく、農村部にも及んでいるのは言うまでもない。

この手作り惣菜を売る場所だが、レジの横か周辺、入口の周辺がよい。また試食を多めに用意し、どんどん食べていただくことも忘れないでほしい。

ぜひ、バイキング式の農家レストランに限らず、名物料理中心の農家レストランでも、大いに挑戦していただきたい販売方法である。

第4章

新規開業の準備とよい立地・建物とは

都市近郊に設置した農家レストランの一般的なスタイル

新規開業へ向け、むだなく準備する

余分なお金をかけずに開業

筆者は経営コンサルタントとして、今まで数多くの飲食店の開業を手がけてきた。その体験から、飲食店を新規に開業しようとすると、莫大なお金がかかるということをお伝えしたい。

新規開業に伴う開業資金の調達は、普通の家庭の奥様方には、とても荷が重い仕事だ。だが避けては通れない。お金にまつわる話を、これから述べてみたい。

まず最初、不動産契約に関する費用が大きい。場所にもよるが、家賃の10ヶ月分の保証金をおさめねばならない。それ以外に、礼金、前家賃、不動産仲介料など3ヶ月、4ヶ月分のお金がかかる。

次に店舗の工事費。店舗デザインと設計料、軀体（くたい）工事、給排水設備工事、室内インテリア工事、ファサード（玄関周り）工事、駐車場整備など。

それに、冷蔵庫などの厨房機器、空調機、製氷機、鍋やフライパン・包丁などの調理備品、その他開業費用などを含めると、通常は一坪（3.3㎡）当たり100万円以上の設備投資が必要になる。

このように飲食店を新規に開業しようとすると、通常は膨大な費用がかかるが、農家レストランの関係者たちに、そんなお金はない。

農家レストランを開業しようとする人々は、農村の仲よしお母さんたちだ。余分なお

130

第4章　新規開業の準備とよい立地・建物とは

金をかけずに、なんとかレストランを開店させたいと願っている。

できれば、無料で農家レストランを開業したいが、それは無理だ。しかし、開業に関わる投下資金は、安ければ安いにこしたことはない。

ほとんどの農家レストランは、市町村で活用されなくなった公共施設（給食設備のある、廃校になった元小中学校、今は使われていないが調理場がある、元公民館や役場の支所）などを、格安で借りて、自分たちが使いやすいように改造する程度の投資金額で、新規開業する。ポイントさえはずさなければ、それで十分である。

給食室の冷蔵庫や調理器具は、かなり錆びついている。オーバーホール（修理して使えるようにする）が必要になる。

永年、給食作りで使用されてきた設備や機材は、かなりガタがきており、修理より買ったほうが早いものもある。4枚扉の冷蔵庫な

廃校になった山間部の小学校を「おやきの学校」に転換し、地元の婦人部が管理

古民家には、古い道具類がいろいろ収納されている。これらを店内に飾る

囲炉裏の火が赤々と。100年以上続く古民家の内部

業務用品のリサイクルショップの店内。「新古品」を選ぶとよい

どは新品を買うと、100万円以上する。

学校には設備されていない業務用冷蔵庫や製氷機、ステンレスの作業台、収納庫、エアコンなどの大きな機械は、地方大都市の郊外バイパス沿いに出店している、業務用リサイクルショップで調達するほうが安くて早い。こまごました調理備品、接客用ホール備品なども、この業務用リサイクルショップにそろっている。

ここでの購入ポイントは、完全な中古品よりも、「新古品（まだ使用していないが、スタイルや形が古いもの）」を購入するとよい。

これらの機械の設置工事は、出張費がかからない、村の工務店や電気屋さんに頼むとよい。

ただし、飲食店としての基本設備（給排水・動力電源）がない場合、山の中の一軒農家などを農家レストランに改造する場合は、また全然話が違ってくるので、これは後述する。

第4章 新規開業の準備とよい立地・建物とは

2階は大規模な養蚕場になっていた、山間部の大きな古民家

こまごまとした備品や消耗品は、同じく郊外の道路沿いにある100円ショップで購入しよう。ただし、プラスチック製品のようにあまり安っぽいものは避けたい。雰囲気が壊れるからだ。その他必要なものは、仲間の家庭から、不用品をお借りしたりして、調達することも考えよう。

たとえば、農家の古い蔵には、今は使用していない塗り椀や脚つき御膳などが、埃をかぶって眠っている。昔、祝いの席で使用したものだ。こういったものが、わが家の蔵にあれば最高だが、他人のものとなると話は難しいかもしれない。でもよく話をして、農家レストランで使いたいと言えば理解してくれ、提供してくれる人もいるはずだ。

古い民家を解体するときもチャンスだ。みんなで建て替えるときもチャンスだ。みんなで、蔵を崩して古い家具や農具などをもらいに行って持ち帰り、きれいに拭いて、インテリアとして再利用してみよう。都会からやってくるお客様に

は、塗りが少々剝げているくらいでも、よくその価値を説明すれば、逆に喜んでくれることうけあいだ。

以前、永年おばあちゃんが挽いていた石臼(いしうす)が山の際に捨ててあったのを掘り起こしたことがある。

それは、合わせ部分が擦れて、斜めに削れてなくなっており、もう使いものにならないものだった。しかし、丁寧に磨き上げ、玄関に飾ったら、素晴らしい芸術作品のように傍目に映ったものだ。古いものも、活用の仕方で素晴らしい芸術作品のようにいきいきとよみがえるのも、農家レストランの魅力である。

テスト・マーケティングで開業準備をスタートさせよう

「農家レストランをやろう！」と親しい仲間で決意したら、まだ施設の目途が立たなくても、早めの準備が大切である。

農家レストランの開業を目指し、3年計画で資金の一部を捻出するという方法だ。

これは、町村のお祭りやお花見、GWやお盆、紅葉シーズン、運動会やバザーなど、人の集まるイベントを利用する方法だ。

そこに、自分たちが将来、農家レストランで出したい料理を、仲間とともに、屋台に並べて販売するのである。

臨時売店でもいいし、臨時飲食店でもよい。いわゆる「模擬店」である。

遠慮することはない。主催者の町や村の担当者は大歓迎だ。見聞してみると、最近こうした地域のイベントに、積極的に模擬店を出すお店や団体が減少しているようだ。

だからチャンスなのだ。

保健所の許可も、主催者がとってくれる。出店料は、よほど有名なお祭り以外は、ほとんど無料だと思うが、問い合わせ願いたい。

このときの仲間の労賃は、農家レストラン

第4章 新規開業の準備とよい立地・建物とは

の設立資金を積み立てるためなので、お弁当つきで無料奉仕してもらう。その販売代金から、経費を引いて利益を積み立てる。

お祭りの規模もあるが、一日3万〜5万円売れる場合が多い。

町村民と周辺客1万人が来場するイベントなら、売上10万円も夢ではない。

ここで、今まで何度も強調してきた独自の商品作り＝名物料理にチャレンジしてみる。

食材は地元の農産物や山菜。野山に自生する野草など、新鮮だが、あまり活用されていない食材を使って材料費のかからない手作り料理を販売するのだ。そして、手頃な値段で手作り料理を立ち上げるためだから、利益のあるチャレンジしよう。念願の、農家レストランを立ち上げるためだから、利益のある食べものを売らなければ、お金は残らない。

自分たちが自信を持って調理した料理が、町村民やイベントに参加した人々、または遠くからやってきた人々に、喜んで食べてもらえるかどうか……、それを試すよい機会でもある。

もしも、期待したほど売れなかったら、料理をどう改良すればよいのか？ 味つけか、盛りつけか、食感か、見た目か？ 次のイベントまでに、みんなで話し合い、改善をかさねて、売れるようにブラッシュ・アップ（欠点を改良して、売れる商品に磨きあげる）するのである。

ここでは、さまざまなメニューを試してみる。手打ちの熱いうどん、または蕎麦。豚汁でも、けんちん汁、団子汁でもよい。稲荷、太巻き、ちらし寿司。まんじゅう、お団子、おはぎ、パンケーキ、蒸しパン、漬物、佃煮などもよい。

採れたての野菜に蜂蜜を混ぜて、ジューサーにかけ、新鮮野菜の生ジュース……なんでも試してみよう。

これをテスト・マーケティング（試験販売でお客様の反応を見る）という。得た売上金や利益は農協などの口座に貯金しよう。

開業に向けた強いチーム作り

屋台のテントや看板には、「〇年後に農家レストランを、この地で開店します! そのための資金を今、貯めています。なにとぞ、ご協力ください!」と、のぼりを立ててチラシを配り、PRしながら販売する。

何も恥ずかしいことはない。

人々にPRして協力してもらうのだ。

最初のほうで述べた、福岡県福津市の「あんずの里市利用組合」の組合長井ノ口さんがおっしゃっていた、野菜の青空市の成功が好例である。

「国道沿いの空き地で始めた野菜の青空市。最初は誰も私たちのこと、応援してくれなかった。でも一日150人もお客様が来場し、30万円も売れるようになると、旦那方が目の色を変えた」という話を思い出してほしい。

われわれ経営コンサルタントの世界でも、「実績がすべて」だ。海外の有名大学卒で一流会社出身、公的な資格のあるコンサルタント氏がいる。素晴らしい理論を持つ先生だ。

しかしその先生より、地味だが繁盛店をコツコツ作り上げてきた実績のある経営コンサルタントの先生のほうが、世間では大きく評価される。世の中、何しろ実績が一番だ。

農業関係の補助金を申請しに行こうとしても、こうした「実績」があるかないかでは農協幹部の評価は大きく違う。このようなイベント参加活動が、素晴らしい成果を生む。お金の件だけではない。お母さんたちに、仲間としての団結力と固い結束が生まれるのだ。そのうち、「私も参加させてください!」と、新しい仲間が申し込んでくる。

「私は参加できないけど、うちの農業倉庫なら空いているから、農家レストランで使用してもらえないか?」と物件提供の申し出もあるかもしれない。

イベントが終了して、「よく売れたね。い

第4章　新規開業の準備とよい立地・建物とは

くらになったろう」と、ワクワクしながら売上から経費を引いて清算してみると、5万8000円も儲かった！

「うわぁ、やったね！」と子供のように喜ぶ仲間たち。

この2年間で貯めたお金が250万円近い、となれば農家レストランの開業という夢も、現実味を帯びてくる。そして、そこに強い絆(きずな)が生まれる。

「私たちの手で、農家レストランを誕生させよう！」

こうして生まれた強い団結力は、これから挑まなければならない、さまざまな難問や障害にも、大きなパワーとなって、女性たちを支えてくれるに違いない。

こうした開業準備のためのイベント参加、テスト・マーケティングは、お金が貯まることはもちろん、それ以上に開業に向けた強いチームワークを生みだす結果となる。

お祭りやバザーで試験販売してみる、それがテスト・マーケティングである

お祭りやバザーでのイベント販売で、その料理に対するお客様の反応を観察する

イベント販売によって、立ち上げに向けての強いチームワークが生まれる

開業資金の調達と開業計画書の作成

農家レストランの開業にはいくらの資金が必要か

一回のイベント3日間で、手もとに残るお金は5万から10万円。これを年7〜10回くり返して、3年かかって貯めた自己資金も、せいぜい250万円くらい。

いろいろ試行錯誤しながら、創意工夫をして、本当に安く農家レストランの開業にこぎつけたとしても、最低でも700万円から800万円ほど資金は必要だ。開業資金の額はケースによって違うが、競合が厳しくなってきているので、これからはこのくらいないと難しい。

イベントのお金は、自己資金である。問題は、残りの500万円である。これをどう調達するか？

最後は、借り入れ（融資）に頼るしかない。

貯金していた農協の口座が役に立つ。農家レストランの開業のために、一生懸命お金を貯める農家のお母さんたちの姿勢が、農協幹部を動かすこともある。農協の組合員でないと融資は受けられないが、ご主人が組合員なら、「農業近代化貸し付け」という融資制度を活用することもできる。詳細は、農協で相談してほしい。

一方、商工会・商工会議所の会員なら、大きな特典がある。元「国民金融公庫」、現在の「日本政策金融公庫」の融資が受けられる可能性がある。

「マル経融資」と呼ばれているもので、無担

138

第4章　新規開業の準備とよい立地・建物とは

保・無保証人で最大500万円の融資が受けられる。当然審査は厳しいが、入会して1年以上の会員実績が必要だ。だから、早目に商工会の会員（年会費は商工会によって違うが、5000円程度）になっておこう。

それ以外に、日本政策金融公庫には、「女性、若者／シニア起業家資金」「新創業融資制度」など、さまざまな融資制度がある。年率2～3％程度の低利で融資してくれる。

ただ手続きは面倒だし、審査に通るかどうかは保証できない。お金のことだから、それは覚悟しなくてはならない。しかし、恐れてはならない。早めに、商工会の指導員や公庫の窓口に問い合わせ、相談することだ。

融資を受けるということは、「借金をする」ということだ。借金をするということは、責任者が融資の「連帯保証人」になるということだ。

借金が返せない場合、自分の財産または貯

商工会は町や村の頼りになる経済団体、千葉県・匝瑳市（そうさし）商工会

商工会での経営指導員による開業計画書の指導風景（千葉県・匝瑳市商工会）

各地にある日本政策金融公庫

139

金や収入から、その借金をコツコツと返済しなければならない。お金を借りるのは、かなりの覚悟が必要だ。

融資以外にも、資金集めの方法がある。

それは、出資してもらうことだ。農家レストランに出資する？ なんのために、農家レストランに、見ず知らずの他人がお金を出してくれるのか？

それは、「配当への期待」からである。

現在、銀行や郵便局にお金を預けても、低金利の時代である。ほとんど利子はつかない。ならば、小金を持っている人なら、誰でも考える。「有利な投資先はないのだろうか？」

もしも、農家レストランを経営した結果、最終利益がかなり捻出できて、その出資者へ高い配当をすることが可能だとしたら、出資者は押し寄せてくるに違いない。

こうした事例が、栃木県の道の駅にある。

出資者に高い配当の支払いでお金はどんどん集まってくる

少し古いが、日経新聞2005年9月5日のコラムに、「群を抜く高配当！ 第3セクターの優良企業が、栃木県の東端、馬頭町にある」と題した記事があった。文章に手を加えて紹介する。

栃木県馬頭町（現、那珂川町）の道の駅、「ばとう」。2000年4月以降、5期連続で年20％の配当を実施し、前期も10％を配当。「第3セクターの株を買えないか？」町民からの申し出が後を絶たない。同社が国道沿いで運営する農産物直売所やレストランでは、地元農家約150人が提供する青果物が飛ぶように売れている。徹底した鮮度管理や低価格が口コミで広まり、売上高は年4億円。国道拡幅にあわせて開設した道の駅だったが、民間出身の女性店長（木村美津子さん55

年20％配当を続けた栃木県那珂川町の第三セクターが経営する道の駅「ばとう」

歳）を起用して、業績は好転し今も続いている。

第3セクターといえば、半官半民の会社。全国の「3セク」は、大半が赤字。破綻する3セクも後を絶たないなか、年20％の配当を継続しているといえば、サラ金より高い金利である。

木村店長の秀逸な経営手法が、驚異的な利益を生み出していることは間違いない。昔、ゴルフ場の経理で苦労した売店の在庫を、売れた分だけ仕入れる「委託販売」に切り替えた。そのためローコストな仕組みができ上がった。

農産物直売所にしても、ほかのスーパーや直売所の値段を調べて、そこより必ず安く売ることを続けているという。「ほかで、キュウリ5本100円なら、うちの直売所は7本100円にしてもらいます」。前述した鮮度管理に加え、このボリュームと安さが、近在の消費者を引きつけて止まない。

馬頭町は、宇都宮から車で約2時間、本当

道の駅「ばとう」の混みあう農産物とお惣菜、加工食品売場

道の駅「ばとう」の店長、木村美津子さんは、元ゴルフ場の経理担当者

に不便なところだ。しかし、町ではすでに一七〇〇万円の出資金を回収してしまった。今は、地元民30人を雇用し、農家には年間一〇〇〇万を超える収入を得る人もいるという。

どうだろう、こんな事例もあるのである。出資してもらうということは、株主になってもらうことだ。法人設立時に、資本金の一部を出資してもらい、利益が出たら、出資額に応じて配当する。

だがしかし、利益の出ない農家レストランに出資しても、配当など得られないと株主に知れれば、出資者など誰も集まらない。赤字経営で、元本の出資金まで減額するとなると、投資家は資本を引きあげ逃げ出してしまうに違いない。これが今の日本の経済システムなのだ。

いずれにしろ、開業資金を調達するのは容易ではない。

「開業計画書」の作成

銀行に、借金を申し込む場合、「開業計画書」または「創業計画書」の提出が必要だ。

これも、商工会・商工会議所の専門家（中小企業診断士や税理士）やベテラン指導員にお願いして、作成を手助けしてもらうことができる。

計画書を審査するのは、銀行の融資担当者だ。彼らは金融のプロである。中途半端な計画書では、突き返される。

本格的な創業計画書のモデルを次ページに示しておいた。これをもとに作成してもらいたい。147ページには、具体的な数字を入れた、簡単な損益試算表を示した。参考にして、自分なりに何度か作成してほしい。

こうしたものは、慣れるとそうでもないが、初めは難しい計算に頭が痛くなる。よく勉強しないとわからない。

詳細が不明な場合は、中小企業診断士や税理士などの専門家に問い合わせていただきたい。わかりやすく教えてくれるはずだ。

銀行へは、仲間と一緒に二人くらいで出かけて行くか、責任者が一人で行かねばならない。

商工会指導員や中小企業診断士、税理士を同行するわけにはいかない。そして、厳正な審査を受ける。

融資審査は、農家レストランをきちんと経営し、利益のあがる運営ができるかどうかを審査するものである。

審査は厳正である。融資した結果、その農家レストランが倒産し、融資金が戻ってこない場合、審査した担当者の汚点となる。誰だって、仕事で失敗はしたくない。だから当然、審査は厳しくなる。

しつこいようだが、ここで再度強調しておきたいことがある。

利益が出ない農家レストランの経営、赤字

6、必要な資金と調達の方法

必要な資金		金 額	資金の調達	金 額
設備投資資金	店舗・工場・機械・設備・車両などの内訳	万円	自己資金	万円
			親・兄弟・知人・友人などからの借り入れ	万円
			日本政策金融公庫 国民生活事業からの借り入れ	万円
運転資金	商品仕入れ、経費支払いなどの内訳	万円	他の金融機関からの借り入れ予定 内訳・返済方法	万円
合　計		万円	合　計	万円

7、事業の見通し（月平均）

		創業当初	軌道に乗った後（　年　月頃）	売上高、仕入高（原価）、経費の計算根拠を詳しくご記入ください
売上高　①				
仕入原価　②				
経費	人件費（注）			
	家賃			
	支払利息ほか			
	合計			
利益①-②-③				

* 注：人件費の場合、個人営業の場合は、事業主の分は含めません
* 他に参考となる資料などがありましたら、添付してください。ただし、返却できませんので、必要であれば必ずコピーを取っておいてください。または、コピーしたものを提出されてもかまいません

第4章　新規開業の準備とよい立地・建物とは

創業計画書（銀行などに提出する開業計画書のモデル）

＊日本政策金融公庫　国民生活事業書類を参照して作成した

氏名（フリガナ）	住所	電話など	
	〒□□□-□□□□	Tel	
		Fax	
		携帯	
年齢　　　　　歳		e-mail	

1、創業の動機

業種			創業の予定時期	
創業されるのは、どのような目的、動機からですか				

2、事業の経験

過去にご自分で事業を経営していたことはありますか？			
この事業の経験はありますか？　創業に至るまでの経歴をお書きください	年　　月	経歴・沿革	
取得されている資格			
創業される方の、現在のお借り入れの状況	借入先金融機関	使い道（マイホーム、車など）と残金	年間返済額

3、創業される店舗の営業内容

創業されるお店のセールスポイントは何ですか		
取り扱う料理の商品名と内容を具体的に書いてください	料理名と特徴	売上に占める%
		%
		%
		%
		%

4、取引先など

取引先名（仕入れ先）	仕入れ品目	月間予想取引額	支払い条件

5、従業員

従業員名（年齢・間柄）	月額給与または時給	役職名	給与支払日

でボランティア＝無償の奉仕活動など、やってはならない。

農家レストランを正常に運営し、継続し、ご苦労をかけるスタッフの皆さんに十分な給与を支払い、絶対に利益＝儲けの出る経営をしなければならないのだ。

儲けとは、「ぼろ儲け」とか「不当利益」を指すのではない。

正しい利益、適正な利益を捻出しなければならないということだ。

何度も、同じことを強調して申しわけない。ただ、農家レストランを経営する人々が、ずぶの素人、今まで経営などに携わったことがない人々、特に家庭の主婦の方々が圧倒的に多いから、この点の誤解を解いておきたいのだ。

料理メニューの価格の安さにも言及したが、これも利益の出ない元凶だ。

安いものがよいものではない。お客様の満足が実現できれば、ある程度の高めの料金は

許容範囲なのだ。

奥様たちならご存じであろう。高級なホテルのランチタイム、お洒落しておいしいものを食べている奥様たち。楽しそうな笑い声が聞こえる。

その料理の値段が、２０００円に近いものでも平気でいるのではないか。その奥様が日常、近くのスーパーでは、レジで１０円打ち間違っただけで大クレームになる。

農家レストランは、お客様の安全・安心を担保した「食」の夢の世界である。そして懐かしい子供の頃のメルヘン、夢を思い出させてくれる場所なのだ。自然の素晴らしさ、その恵みの豊かさ。それを、存分に料理に表現し、思いやりのある接客と、素晴らしい雰囲気でお客様の満足を誘う。

だから、多少高めの料金でも、喜んで召し上がっていただき、十分満足して支払っていただける。

これが農家レストランだ。

第 4 章　新規開業の準備とよい立地・建物とは

参考になる損益試算表

ある農家レストランの例である。開業 2 年目で、赤字に陥ったとの相談を受け、メニュー内容を変更し、多少の値上げをしたところ、売上高が月商 100 万円だったものが、月商 150 万円にアップした。そこで、大きな経営改善ができて、黒字経営に転換することができた。下表は、その損損益計算表である。

■ 簡易経営診断（月間）　　　　　　　　　　　　　　　　　　　万円単位

項　目	経費項目	改善前	改善後（予想）
売上高 100 万円（過去） （100%） 改善後 150 万円（現在） （100%）	食材費	45 万円（45%）	52 万円（35%）
	人件費	35 万円（35%）	50 万円（33%）
	家賃（指定管理者）	3 万円（ 3%）	3 万円（ 2%）
	水道光熱費	8 万円（ 8%）	8 万円（ 5%）
	備品・消耗品	2 万円（ 2%）	2 万円（ 1%）
	販売促進費	2 万円（ 2%）	2 万円（ 1%）
	その他経費	2 万円（ 2%）	2 万円（ 1%）
	減価償却費	10 万円（10%）	10 万円（ 7%）
	経費合計	107 万円（107%）	129 万円（86%）
	営業利益	▲7 万円（▲7%）	21 万円（14%）
合計 100 万円-150 万円	合計　100 万円（過去）	改善後実績 150 万円（現在）	

では下記に、上記の損益・経費の割合などを参考にして自分たちが目指す理想の農家レストランの損益計算表を作成してみよう。

項　目	経費項目	
売上高　　　万円 　　　　　（100%）	食材費	
	人件費	
	家賃（指定管理者など）	
	水道光熱費	
	備品・消耗品	
	販売促進費	
	その他経費	
	減価償却費	
	経費合計	
	営業利益	
合計　　　万円	合計	万円（100%）

こうした高いレベルの農家レストランを生みだすために、開業資金というお金が必要なのだ。そのために踏み超えなければならない壁が、融資審査である。

「私、こういった計算が一番苦手なの！」などと悠長なことは言っていられない。よく勉強していただきたい。

こういった経営数字も、慣れてしまえばそう難しいことではない。電卓片手によく勉強し、困難な壁を乗り越えたとき、素晴らしい未知の世界が見えるはずだ。

冷や汗ものだった融資審査。あ〜、もうあんな緊張感は忘れたい……。そう思ったある日、電話が鳴る。

「こちらは日本政策金融公庫の○○支店担当者の□□です。あっ、農家レストランの方ですか？　先日はご来店ありがとうございます。ご提出していただきましたご融資の件、本日無事審査に通りましたので、一度私どもの支店にご来店いただけないでしょう

か？　詳しい説明と書類をお渡ししますので……」

審査に通った、あの日の感動は、忘れられない想い出だ。

感激と喜びの日が、必ずやってくるに違いない。

その日のためにも、ぜひ、経営数字に強く底力のある農家レストランを目指していただきたい。

そして、無事融資の審査がおりることを、心から祈念している。

立地条件と建物・構造、必要な設備

「よい立地」とは何か

　農家レストランの立地としては、大まかに分けて3種類ある。

　一つは、農家や古民家を改造した農家レストランで、「農村集落」に立地するものである。この場合、県道のような主要道路に面しているとよいが、そうでない場合でも、なるべく市町村道のような生活道路に面し、道路からよく店が見える場所がよい。

　見えるだけではない。接近のしやすさも重要だ。見えない場合には、看板で告知をする。だが、その看板が見やすく、よい場所に建つかどうかが問題だ。

　もし、店も、看板も、道路から見えにくい

立地条件なら、出店はよほどの覚悟をして決断しなければならない。物件が見えなくては、お客様をみすみす逃してしまう。

　見えるということが、繁盛するお店には極めて重要な要素である。見えるということは思い出すことである。

　「いつも見えている＝道から見える、看板が見える」ことが、重要なのだ。見えているから、来たくなる。農家レストランに入店して、料理を食べ、心温まるサービスを受け、雰囲気を満喫して「また来よう！」となる。

　どこにあるかわからない農家レストランを探すのも楽しみ……などと悠長なことを言っていると、開店景気が過ぎた頃には、店があることすら忘れられ、大苦戦の日々がやっ

てくる。

田舎だからわかるだろう……という甘い期待はしないほうがよい。

立地の二つめは、畑の真ん中や山間部に、単独で立地している農家レストラン用の物件である。

市町村の遊休施設などの転用例に、これが多い。廃校になった、小中学校の転用などである。この場合は、立地を選べないが、なるべくわかりやすい場所、できればよく見える場所がよい。この物件だと、元の給食施設が活用できることもあるので、よくチェックしてほしい。

この絵にかいたような一軒屋の農家レストラン、廃校や役所関係の空き施設ならよいが、単なる古い農家などを改造する場合は、とんでもない難問に突き当たる。

浄化槽の問題である。ほとんどが家庭用の浄化槽か、「くみとり」である。水道はなく井戸の場合、これはもう絶望的に難しいと思

農村集落の風景。見た目はよいが、給排水設備を設置するにはお金がかかる

藁葺き屋根に雪が積もる古民家。設備不備の場合、大きな経費が必要

農家の古民家にあった古い簞笥や椅子。これを上手にディスプレイする

ったほうがよい。その話は後述する。

三つめは、「道の駅」などに併設して立地する、農家レストラン風食堂である。この場合、買い物客が買い物をする売店と同一フロアの場合が多い。だがこれも、買い物客が多い同一フロアは、できるだけ避けた場所をお勧めしたい。

理由は、売店と同じフロアだと、農家レストランではなくなってしまうからである。

ただ単純に、飲食店での食事を求めてくるお客様が多くなってくると、「ラーメンください!」「ハンバーグください!」「かつ丼ください!」「オムライスください!」と、一般のそこらの食堂と、なんら変わらない飲食店になってしまう恐れがある。

できれば、農家レストランの単独棟がよい。雰囲気が壊れるからだ。

通の飲食店になれなどとは一言も言っていない。

立地も大事だが勝敗を決するのは店舗力

農家レストランには、農家レストランにしか出せない独特の雰囲気がある。「地産・地消」を実践し、食の安全・安心の先頭に立って、これからの農村の活性化を担う重要な役割を持つ農家レストラン。

農家レストランでしか味わえない料理がある。

農家レストランしかできないことが山ほどあるのだ。

道の駅に出店する経緯は、わからなくもない。町村一番の開発であり、トイレ休憩、町村の観光案内、そしてお土産品販売、農産物販売、さらに地元特産物を使った食事である。

筆者は、現在の農家レストランの30%くらいは落第で、もっと飲食店の勉強をしなさいと叱咤してきた。しかし、だからと言って普

開発に協力することはよいが、一般の食堂と同じ土俵に上がることは、農家レストランのよさも雰囲気も失ってしまう恐れがある。できれば単独棟がよく、駐車場からよく見えて、道の駅の入口からも遠くない場所がよいのである。

道の駅に出店する場合、もう一つ厄介な問題がある。第3セクターなどだと、「レストランだからコーヒーなどの喫茶タイムも営業してほしい」という要望が寄せられることである。道の駅に隣接するレストランの赤字原因の多くは、この喫茶タイムに従事する人件費である。よほど工夫して運営しないと、とんでもない赤字を抱えることになるので注意が必要だ。

この問題の解決は、ランチタイム終了後に、コーヒーはモーニングサービスのようにセルフサービスにして、従業員を一人にし、厨房スタッフは退却することである。250

円のコーヒーを20杯売っても5000円にしかならないからだ。

いずれにしても、物件の立地判定は、あくまでケース・バイ・ケースである。これも、自分たちだけで判断せずに、できれば専門家の意見を求めてもらいたい。

最後に、言っておかねばならない。確かに、よい立地、有利な立地というものは存在する。

だが、勝敗を決するものは、立地や物件ではない。最後に繁盛を決めるものは、農家レストランの力、いわゆる「店舗力」である。素晴らしい雰囲気、こだわった逸品料理、感じのよい接客。それらが一体となった強さが「店舗力」なのだ。

農家レストランとしての「店舗力」が、きちんと完成されていれば、どんな辺鄙な場所へ出店しても、お客様はわざわざ来てくれるに違いない。有利な立地より、農家レストランの店舗力を磨くことに、全力を傾けてもら

きれいに整備された農家レストランの庭

飲食店としての必要な設備

いたいものである。

物件が見つかって、専門家にも見てもらい、役所などの許可を得て、店舗を借りる契約話が進んできたときに気をつけたいことがある。

その建物の設備で、農家レストランの開業が可能なのかどうかという点である。

これは、設備（ハード面）に関するチェックである。古民家風農家を、農家レストランに改造する場合、一番のネックは浄化槽である。

屋根に降る雨水と生活排水（台所・風呂・洗面・便所）を合併処理する浄化槽、営業店舗となれば「人槽計算」が違ってくる。「人槽」とは、この農家レストラン施設を利用する想定人数のことである。

利用する人数によって、浄化槽の容量が決まる。人家であれば、8人槽以下で十分だが、農家レストランともなれば、30人槽以上は絶対条件となる。

農家レストランは、水を大量に使う。食器洗浄機、仕込み作業に使う水、お手洗いを水洗トイレに改造した場合、ともに30人槽以上の浄化槽が必須となる。

店舗面積が一定以上となれば、その建物の「用途変更」、つまり、「人家」から「農家レストラン」への変更を役場に届けなければならない。

そのとき、役場の担当者から、「浄化槽、この家庭用じゃ駄目ですね。営業用に設置し直してください」と勧告される。

個人の一軒屋の農家なら、畑の横の排水路に、生活排水（台所・風呂・洗面）をチョロチョロ流せばよかった。

トイレは、くみとり便所でもよかった。

ところが、一日何千ℓもの水を営業で使う

となれば、30人槽以上の浄化槽を設置しなければ、役場の担当者も、保健所の担当者も許可してくれない。

また、浄化槽を設置しなければ、排水があふれ、汚水・汚泥・悪臭として周辺の自然環境に甚大な影響を及ぼす。これでは、グリーンツーリズムの精神に完全に反する。

立地上の最大の難点は実は給排水設備

浄化した廃水を流す、排水管の施設も課題になる。浄化槽の場合、汚水は近くの用水に流したり、または浸透式にすれば済む。

上下水道が完備された都市近郊の郊外地なら、浄化槽の設置はしなくてもよいが、下水本管のある表通りの道路まで、自己負担で下水管を敷設しなければならない。

たとえば茨城県つくば市郊外の場合、1mで10万円以上の工事費がかかり、30m必要だ

第4章 新規開業の準備とよい立地・建物とは

水を大量に使う飲食店の調理場に設置された洗浄機

ったので、300万円かかった例がある。下水道を使う場合、下水利用者加入金が、店の敷地面積で計算され、月々の下水使用料もかかってくる。

次に店舗で使用する水の問題がある。

農家レストランらしく運営するためには、井戸水の使用を申請したいが、保健所が許可を出さないことが多い。人家なら井戸水利用は可能だが、営業店舗となると、水道が近くまで来ているなら、水道水使用を求められる。

ところが、水道の本管と農家レストランの所在地が離れている場合、そこまで水道管を延伸する費用は、自己負担となる。これも聞いてビックリする金額だ。

いずれにしろ、農家レストランの給排水問題には泣かされる。

数年前だが、1500万円以上の給排水設備の費用見積りを見たことがある。

茨城県土浦市郊外、霞ヶ浦湖畔のレストラ

ン建設現場だった。

霞ヶ浦の湖水汚染が広がっており、これ以上排水するのはまかりならんと指導を受け、なんと100人槽の浄化槽と、その排水を浸透させて除去する「浸透槽」が求められたからだ。

環境は守らねばならない。しかし当面の開業資金は限られている。頭の痛い問題である。

電気にも問題が出る。

野中の一軒屋、それも個人宅なら問題はないが、業務用店舗となれば、電気容量を大幅に引き上げなければならない。

農家レストランの調理機器には、モーターで動く機材（冷蔵庫、冷凍庫、洗浄機、製氷機）が多い。

電気会社と、「動力使用契約」を別途結ばなければならない。電線の施設も、場合によっては有料となる。

ガスに関しては心配ない。都市ガスは存在しないが、田舎にはLPガスがある。LPガスの設備は、ガス会社がサービスでやってくれるはずだ。

しかし、LPガスは電気並みの料金設定だから、エネルギーコスト（水道光熱費）が非常に高くなる。

なにしろ、設備面の投資は半端ではない。ある農家レストランでは、何もない山中の古民家を改造した結果、浄化槽とインフラ整備

浄化槽の基礎知識

浄化槽とは、水洗式便所と連結して、屎尿（糞および尿）と併せて雑排水（生活に伴い発生する汚水＝生活排水）を処理し、終末処理下水道以外に放流するための設備である。

現在の法律で「浄化槽」と言えば「合併処理浄化槽」のことを指す。

浄化槽の目的として「廃棄物処理法」では、汚水の衛生処理（伝染病の予防、蔓延の防止等）を目的としていたが、現法ではこれと併せて環境保全についても目的としている。

汚水の処理には、みなし浄化槽および小規模槽については、「沈殿」による固液分離機能と、嫌気性と好気性の微生物の浄化作用を利用している。

（水道、電気、ガス）のために、2000万円近い費用がかかったという。

山の中の一軒屋の農家レストラン。峠にぽつんと一軒ある農家レストラン。谷間にある農家レストラン。

皆、それぞれかっこうがよいし絵になる。

しかし、設備面の投資を考えた場合、見積り金額を聞いてびっくりする。

役場や農協の使わなくなった支所、さらに廃校などを借りて改造したほうが、よほど安上がりだ。

が、物件によっては、それでは雰囲気のない農家レストランになってしまう施設もある。みんなでよく研究し、慎重に考えて結論を出さなければならない。

その他の工事費用、特に内装費は、かけようと思えばかかるが、工夫次第でかからないようにすることも可能だ。

農家の古い道具類や、蔵から持ち出した古い家具などを飾って、雰囲気を盛り上げるこ

ともできるからだ。
これはレストラン内部の内装の話である。

では外はどうか。

レストランから見える、外の田畑や庭などの景色も、できるだけきれいに整備してもらいたい。

畑や庭の木や花を見ながら、楽しくのんびりと食事をするのは、農家レストランの極上の楽しみでもある、もちろんこれも、ご馳走なのだから。

各種届け出と運営組織の形態

なによりも重要なのは保健所への届け

飲食店を開業するために、保健所に「営業許可」の申請を出すことが求められる。申請書は161ページに掲示した。申請の手続きと手順は以下である。

(イ) 食品衛生協会へ、提出書類をもらいに行く（開店1ヶ月前から受け付け）

＊食品衛生協会は、たいがい保健所内にある

(ロ) 申請書類（営業許可申請書、水質検査成績書、健康診断〈検便〉受診済み証明書、図面〈店舗平面図、施設図〉、印鑑、登記簿謄本またはこれに準じたもの、食品衛生責任者証）を準備

(ハ) 開店10日前までに、食品衛生協会へ申請手数料とともに提出

(ニ) 保健所の担当者による店舗の実地検査

(ホ) 不合格の場合は、指摘された施設を改善して再検査を受ける

(ヘ) 合格

(ト) 店舗検査合格日から、およそ1週間程度で、営業許可証が交付される

(チ) 印鑑を持参して、食品衛生協会へ許可証を受け取りに行く

(リ) 食品衛生責任者を新たに任命する場合、「食品衛生責任者養成講習会」を受講しなければならない。受講を終了した者が、食品衛生責任者となる

保健所の指定する健康診断とは、検便検査

第4章 新規開業の準備とよい立地・建物とは

保健所への申請に必要な、建物平面図の例

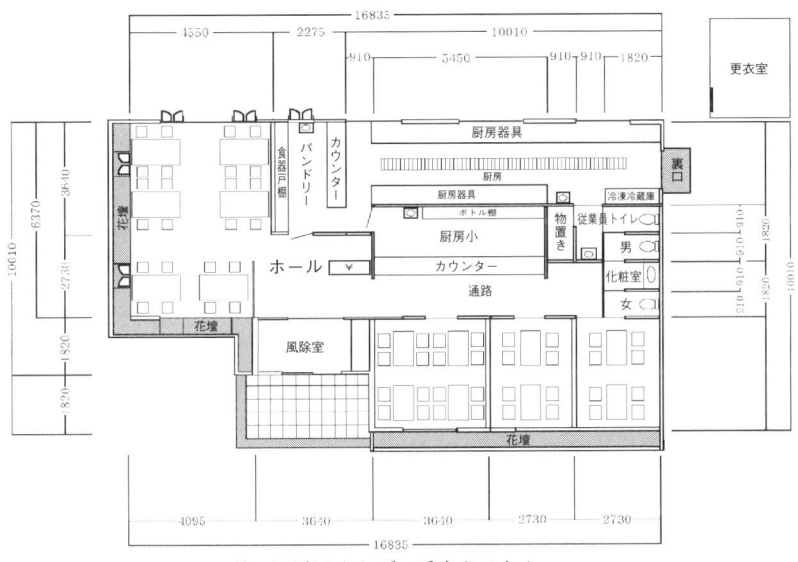

注：正確であれば、手書きでもよい

のことを言う。この、検便検査を従業員全員が受けなければならない。

また、店舗の平面図と施設図は、1/100か1/50の縮尺図を用意する。案内地図は、周辺300m近隣の略図でかまわないが、上部を北にして近在の主要建物などを記入する。

「営業許可申請書」の注意点は以下である。

㈰押印は、個人の場合は認印、法人の場合は登記済みの代表者印を使用する。なおスタンプ印などは使用できない。

㈪登記簿謄本は、法人の場合のみ必要となる

㈫食品衛生責任者の資格取得が義務づけられているが、栄養士、調理師、製菓衛生士、食鳥処理衛生責任者、ふぐ調理師、講習会修了者、食品衛生指導員が勤務している場合は必要ない

保健所には、飲食店の営業許可だけではな

く、菓子製造業の許可や、あん類製造業、惣菜製造業、アイスクリーム製造業など、さまざまな製造許可がある。

店内飲食ばかりでなく、持ち帰り商品（お惣菜の持ち帰り販売）の開発と販売を強化したいなら、いろいろ調べて保健所の許可を申請しなければならない。その他の許可に関しては、紙面の都合上、割愛する。

役所関係の検査・許可であるが、既存建物の場合、消防署の消防検査などは必要ない。ただし、新築物件や家主が希望すれば、地域の消防署が検査に来るので注意が必要だが、防火設備などは家主さん側の負担になるので、あまり深刻に考える必要はない。

また、法人設立の時点で、税務署へ営業開始の届け出をしなければならない。

法人になっていなくても、個人事業主として届けなければならない場合もある。消費税の課税の関係である。2011年の時点で消費税は5％だが、売上からこのとおり5％のけではない。

税金を納めるわけではない。独特の計算式があり、対売上高では数％の金額を納税することになる。

年商3000万円、平均月商250万円も売る農家レストランなら、仕入れや経費の割合によっても違うが、あくまで概算は50万～60万円くらいである（くどいようだが、あくまで筆者の概算である）。これを年2回に分けて納税することになる。

消費税の課税対象は、年商1000万円以上なので、そこまでの売上が見込めないようなら、それほど心配することはない。

運営主体は、法人、NPO、個人事業主、組合方式？

農家レストランの運営組織は、法人が望ましい。しかし、代表者が一人で、「個人事業主」となり、個人企業として開業できないわけではない。

第4章　新規開業の準備とよい立地・建物とは

営業許可申請書

文書番号 _____

平成　年　月　日

保健所長　殿

郵便番号 _____　電話番号 _____

住　所 _____

申請者　氏　名（フリガナ）_____

明・大・昭　年　月　日　生

〔法人の場合は、法人の名称、主たる事務所の所在地および代表者の氏名〕

営業許可申請書（　新・継続　）

食品衛生法第52条の規定により次のとおり申請します。

営業所の所在地	電話番号	
営業所の名称等		
営業設備の大要	別紙のとおり	
許可番号及び許可年月日	営業の種類	備考
1　　　　　号　　　年　月　日		
2　　　　　号　　　年　月　日		
3　　　　　号　　　年　月　日		
4　　　　　号　　　年　月　日		
5　　　　　号　　　年　月　日		

申請者の欠格事項
(1) 食品衛生法又は同法に基づく処分に違反して刑に処せられ、その執行を終わり、又は執行を受けることがなくなった日から起算して2年を経過してないこと。
(2) 食品衛生法第54条及び第56条の規定により許可を取り消され、その取消しの日から起算して2年を経過してないこと。

使用水の種類	1、上水道　2、専用水道　3、井戸水　4、その他 5、簡易水道　6、簡易専用水道水　7、上水道・井水	滅菌機の有無　1、有　2、無

(注意) 1　許可番号の欄は、継続許可の場合に、現に受けている許可の番号及び年月日を記載してください。
　　　2　申請者（法人にあっては、その業務を行う役員を含むものとする）の欠格条項の欄は、当該事実がないときは「なし」と記載し、あるときはその内容を記載してください。
　　　3　継続許可の場合には、営業所の名称の記載及び営業設備の大要の添付は不要です。

営業の種類		資格	栄・調・製・食鳥・船舶・食管・食監・養講・補講・その他（　　）
食品衛生責任者			年　月　日　第　　　号
営業の種類		資格	栄・調・製・食鳥・船舶・食管・食監・養講・補講・その他（　　）
食品衛生責任者			年　月　日　第　　　号

保健所収受印	料金収納済印	手　数　料　印

注・申請者は右の太線の中だけ記載して下さい。

（注）氏名（法人の場合は、法人の名称・所在地・代表者の氏名）・営業所の電話番号・営業所の名称は閲覧申請に基づき開示されます。営業所の所在地・

最近多いのは、仲間同士でNPO（非営利活動法人＝主に、ボランティア活動を主力とする法人組織）を結成して、農家レストランを立ち上げる例である。

NPOの設立手続きはわずらわしいが、コツさえ覚えればNPO法人もなかなかよい。NPOの「非営利事業」には、法人税がかからない。その他の事業活動は会社と同じように課税される。あまり利益が望めないような場合には、NPO法人で農家レストランを作るのもよいかもしれない。

また、数人で出資（一口20万円程度）して企業組合を結成するのもよい。いっそのこと、1円の資本金で株式会社を設立してもよい。

いずれにしろ、なんらかの公の組織が必要である。特に、村や町の遊休施設を借りるようなときには、公共施設の「指定管理者」にならなければならないので、なんらかの公の組織＝法人であるほうが有利ではなかろうか。

農家レストランの開業に向けた組織ができあがれば、理事会や各種部会を設置して、その中で各自に役割を持たせ、盛んな活動を繰り広げてゆこう。

農家レストランのさまざまな組織形態に関し、紙面の制約もあるので「法人設立などの知識」は割愛させていただく。

農家レストランは、市町村での起業にあたる。そのとき、強力に指導してくれる公の組織が存在する。各市町村にある商工会、商工会議所である。

商工会、商工会議所は、地域の経済団体であるが、地域の活性化や商店街振興の役割を担っている半公共的な機関である。

各地の商工会、商工会議所は、中小企業庁の管轄下にあり、個人または法人の起業、開業を強力に支援している。

どのようなサポート（会員特典）があるのかと言えば、法人設立の具体的な指導、経営コンサルタントなどの専門家の派遣、帳簿の

162

第4章 新規開業の準備とよい立地・建物とは

運営の中心は、農家の元気なお母さん

書き方の指導、決算処理、各種の融資制度の紹介と斡旋など、いたれりつくせりの開業指導が受けられる。

筆者は、各地商工会に登録している経営コンサルタントでもある。

農家レストランの講演や、創業支援の仕事も何件も指導した。

現在、東京都、千葉県、茨城県、群馬県、福島県、静岡県、長野県の各商工会連合会に登録しており、年間約70件程度の、飲食店や農家レストラン関係の指導を行っている。ぜひ、早めに商工会、会議所の会員になり、われわれのような専門のコンサルタントと交流していただきたい。

農家レストランの運営組織としては、まず運営理事会（最高決定機関）を置く。その下に調理部会、サービス部会、食材調達部会などを置き、それぞれの責任範囲で活発な活動を奨励していきたい。

理事会は、長期経営計画の策定、売上予算

農家レストランは、都会の消費者の「食」に対する強い安全・安心欲求を満たし、新鮮野菜や地元で採れる山菜などを利用して、健康で安心な食を提供するレストランとして人気を呼んできた。

それだけではない。農家レストランは、農村経済を活性化させる役割も担っている。生産調整で踏みつぶされる野菜、間引きされたり、規格外品として捨てられる廃棄農産物を、もったいない精神で蘇らせ、再活用することができる施設なのだ。

筆者は思う。農家レストランは、「時流（時代の大きな流れ）」を見事にとらえたビジネスである。

ゆえに最近、関わりのあるところが、農家レストランの動向に大きな注目をし出した。特に、町村役場や農協支所の態度が、農家レストランに好意的になってきた。

補助金を出そうとか、施設を提供しようと、柔軟に対応してくれる。大変よいこと

運営の中心メンバーは元気なお母さんたちで十分

の確定、経費の配分決定、各種の運営上の決定事項を決める機関である。

調理部会は、調理技術の向上、日々の調理作業の見直し、人員ローテーションの決定、食材ロス撲滅の対策などを話し合い、実行する会である。

サービス部会は、ホールの人員ローテーションの決定、お客様サービスの向上策を話し合い、実行する会である。

食材調達部会では、地元新鮮野菜の仕入れルートの開発、現在収穫されている食材情報の伝達・広報、農家との仕入れ契約などを行う会である。

理事会と各部会とは、緊密なコミュニケーションを図り、一体となって農家レストランを盛り上げてゆかねばならない。

第4章 新規開業の準備とよい立地・建物とは

だ。ただ、行政側からの対応で注意したいことがある。

男性幹部の行政側からの派遣である。いわゆる「お目付け役」である。

「天下り」と言うほどのものではないが、「金を出すから、人も送る」という役所の論理だ。派遣されてくる人材が、農家レストランのよき理解者で、柔軟な考えの男性なら歓迎だが、そうでない場合が多い。

今まで、元気のよい農村の女性たちだけで準備してきたことが、こうした男性感覚が入ることで農家レストランの本来の方向を見失い、迷走しかねない事態を危惧するのである。

ある農家レストランの例である。

市役所の小さな支所を借りて、農村の女性グループが、レストランとお惣菜の店を開いた。開業当時、町役場から施設管理費を3年間免除（月12万円、3年間で430万円）してもらった。ところが開業2年めから爆発的

農家レストランの主役としても活躍する富士見村農産物直売所の理事たち

農家レストランの元気なお母さんたち。マイスター工房八千代

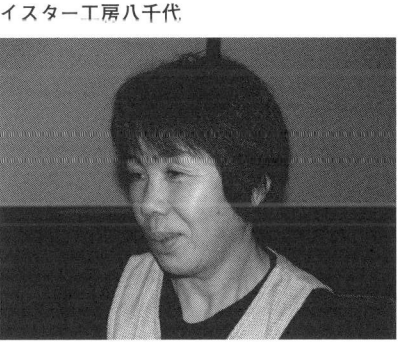

農家レストラン「蕎屋」を営む、室井京子さん

に販売が伸び、年商4000万円を超えるようになる。そこで町から、定年退職した職員男性を、非常勤の参与として雇用してほしいと依頼があった。

女性たちは渋々要求をのんだが、この男性が会議で役所的な発言を繰り返し、農家レストランから自由で明るい雰囲気が失われたことがあった。

もう一つの事例。これは商工会の女性部の話だ。助成金を受ける関係上、農家レストランプロジェクト委員会に、男性委員長を選出せざる得なかった。

この男性は商店を経営し、ビジネス関係に詳しい人である。彼は、「この町には若者たちが遊ぶところがない。だから、若者たちが町を出てゆく。このレストランを深夜営業して、夜はお酒が飲めるレストラン・バーにする!」と主張。

農家レストランの路線とは、まるで正反対を提案され、女性たちは戸惑うばかり。

だから、農家レストランを支える農家のお母さんたちに頑張ってほしい。

農家レストランの主役は、元気で明るい女性たちである。その女性の感性を生かすぴったりな場所、それが農家レストランだ。農家レストランの主役は、女性なのだ。男性の論理で農家レストランを運営してもうまくゆかない。

現在、農家レストランを立ち上げようとしている女性の皆さん、今、農家レストランを経営している女性の皆さん、ぜひ農家レストランを繁盛させ、幸せを呼び込んでいただきたい。

そのためには、なんと言われようと女性たちだけでレストランを経営してほしい。女性が持つ、温かく優しい感性を生かしたレストランこそ、本来の農家レストランの姿なのだから。

第 5 章

接客のコツを会得し
いざオープニングへ

古民家レストラン独鈷のサービス研修会

レストラン・スタッフの教育、研修

人材は育て方次第で大きく成長する

農家レストランを開業してから、リーダーが悩むのは、店舗スタッフのやる気だ。忙しくなるほど人手を必要とする。しかし農村には、レストラン運営にぴったりな意欲的な人材などほとんど残っていない。

そこで採用の段階で、「まあ、いいか……」と思われる人材を妥協して採用する。一度雇えば、ほかに仕事がないから、めったに辞めない。

こうして、レストラン組織は、段々とやる気のない人材がプールされる。

そこで、開業当時からいる、やる気のあるスタッフと、もめ事が起きやすくなる。だから、教育・研修の機会を増やし、やる気を喚起しなければならない。

「行動科学」という学問で、やる気に関して、すでに「どうすればやる気が起こるか」は解明されている。

やる気は、賃金の高さや休みの多さなどで待遇がいいから生まれるのではなく、店と一体となった連帯感や達成感、やる気のある職場の雰囲気に大きく影響されるといわれる。

おそらく、人は誰でも無限の可能性を秘めている。だから人は、育て方次第で優秀な人材に変身する。

筆者は過日、専門学校で教鞭をとっていた。そのときの感想だが、18歳くらいの青年たちは、あるきっかけで恐ろしいくらいに大変化する。その変化が半端ではない。きっか

第5章　接客のコツを会得し いざオープニングへ

筆者顧問先の居酒屋のサービス研修会

福島県南会津で開催した料理研究会

農家レストランの運営理事会

けは、失恋であったり、失望であったり、出会いであったりする。それを機会に、大人でも難しい難関資格に挑戦し、見事に合格する者がいる。

彼らの大半は、勉強が嫌いで大学に行かなかった専門学校生である。

農家レストランのスタッフの育成は、口で言うほど簡単ではない。いらいらするほど時間と手間がかかる。しかし、その難しいことをやり切るから大きな結果が得られる。

人は育て方次第、人は使い方次第である。

だから、真剣に、若いスタッフや年配女性の活用と育成を実践してほしい。粘り強い教育が結果として大きな成果に結びつき、農家レストランに繁栄をもたらすに違いない。

新人は就業ルール教育、ベテランは調理・サービス研修

今の若者たちは、普通の大人から見れば

「こんなことは常識」と思われることができない。そして内向きで軟弱。一方、家庭の奥様も、かなりのあいだ、実社会から離れているので、ビジネス感覚を喪失している。

筆者が遭遇した「非常識」な例では、「パート仕事ついでに、ペットを職場に連れてきて、控え室で遊ばせていた」という話がある。

家庭と職場の区別がついていない。ペットは家族の一員、だからいいではないかと思っていたようだが、彼女の仕事は飲食店の調理。万が一、保健所に通報されたら、営業停止になるやもしれぬ事態だった。

また、こんな例もある。「売れ残り品は、持って帰ってよい」という悪弊が横行しているお惣菜専門店があった。

売れ残り品を確保するため、パート・リーダーが、欲しいメニューを早めに売り切れにして、仲間の分を確保していた。ある日、品物の配分をめぐって、パート同士がいがみ合うようなことになり事実が判明。呆れ果てた。

いずれにしろ、入店してきた最初の頃は、一番気持ちが前向きで、ハートが熱くフレッシュだ。就業ルールをみっちり教育して、店の中ではこのようなことは常識だというビジネス感覚を教え込もう。

ベテラン・スタッフの教育は、研修会で磨きあげよう。研修会は月1回ずつ交代で開催する、「サービス研修会」と「料理研究会」である。

サービス研修会は、前述した「臨店診断表」の結果をみんなで検討し、指摘された問題点を今後どのように改善したらよいのか、それを各グループに分かれて熱心に話し合い、話し合った結果、「私たちはこのように改善します！」とその決意と方法を模造紙に書き、グループごとに発表させるのである。

その発表を受け、事務室の壁に貼り出し、今後の精進を待つ。

第5章 接客のコツを会得し いざオープニングへ

❸

Ⅲ・ワークスケジュール
1・タイムカード
(1) あなたの給料は、タイムカードをもとに計算されています。
(2) ゆえに打刻ミスは認めません。出勤、退勤、をしっかり確認したうえで打刻してください。
(3) 勤務開始の10分前に出勤し、必ずユニフォームに着替えた後、5分前には打刻してください。
(4) 退勤は、私服に着替える前に打刻します。
(5) タイムカードを汚したり、紛失したりすることのないようにしましょう。

2・ワークスケジュール表
ワークスケジュール表は、お店の仕込みの都合やご来店されるお客様のピークなどで決まります。まず、お客様においしいお料理を提供し、にこやかなサービスで応対することが何より優先されます。あなたの欠勤や遅刻は、同僚に対して、またお客様に対して大変な迷惑と不満足とを与えることになります。ですから、約束した時間には必ず出勤し十分に働いてください。そのために、スケジュールの見落としや時間の誤認がないように最大の注意を払ってください。
(1) あなたの勤務日、勤務時間はワークスケジュール表によって、店長が管理し、事務室の掲示板に貼っています。
(2) このスケジュールは原則的には、あなたと店長との話し合いにより作成・発表されますが、お店がどうしても必要とするときもありますので、店長とよくコミュニケーションを取り対処してください。
(3) やむを得ない理由での変更、欠勤、遅刻は、直接店長まで報告し許可を得てください。
(4) 勤務終了時に、次回のスケジュールを再確認のうえ退社してください。

3・休憩時間
(1) 休憩を取る場合は店長の指示に従ってください。
(2) 休憩時間は、労働時間に含まれません。
(3) 弁当やパンなどを買って食事をする場合は、従業員休憩場所で食事をしてください。
(4) 食事のあと片づけは自らしてください。

4・お客様の苦情
直接の原因があなたにないにしても、お客様の苦情は、従業員であるあなたに伝えられます。苦情を聞くのは、気持ちのよいものではありませんが、お客様はわが店に期待されているからこそ、苦情を言われるのです。
(1) お客様に言いわけしたり、言い返したり、口論をしない。
(2) お客様が言われることは、最後まで注意深く聞く。
(3) 「申しわけございません。ただいま責任者を呼びますので、少々お待ちください」とお客様に伝える。
(4) 直ちに責任者(店長)に報告する。ささいなことでも報告してください。
自分だけの判断で処理をせず、確実に素早く店長に報告してください。お客様が苦情を言われるということは、「わが店のために、わざわざご指摘ご指導いただいた」と受けとめ、あとに「わが店のファン」になっていただけるように誠意を尽くし応対することを忘れないでください。

5・給与
(1) あなたの給与は、毎月末〆で翌月25日にあなた名義の口座に振り込みます。
(2) 給与は、1ヶ月の労働時間を計算し交通費を含めて支給されます。
(3) 支給日が銀行の休業日の場合は、翌日に支給します。
(4) あなたの給与の総支給額は源泉徴収の対象となります。

3・手洗いの励行と手指殺菌、消毒

私たちの仕事が衛生的で安全であることは、お客様への第一の義務です。お客様においしいお料理を提供し、私たちの温かい笑顔で満足していただくためにも、しっかり手洗いを敢行しましょう。

（1） ユニフォームに着替え、仕事につく直前に手・指・爪をよく洗う
（2） トイレを使用後、職場を離れたときにも手・指・爪をよく洗って仕事につく
（3） 決められた石鹸と消毒液を使うこと

4・職場での言葉づかい

明るく規律正しい職場は、正しい言葉づかいで形作られます。勤務中にあだ名で声をかけあったり、粗雑な言葉づかいをしては、せっかくの笑顔や心遣いも台無しになります。

＜1＞電話の応対

あなたの電話の応対で、電話をかけてきた相手にわが社やわが店のイメージが作られます。ですから顔が見えないだけ慎重に、お店に来られるお客様にご挨拶すると同じように、きちんと電話の応対をしてください。（ハキハキと明るく、落ち着いて応対してください。）
まず、3コール（着信音）以内に受話器を取るように心がけてください。
受話器を取ったら……
相手がお客様の場合…「毎度ありがとうございます」
お取引先の場合………「いつもお世話になっております」
店長やご家族の場合…「お疲れさまです」
取り次ぐ場合…………「店長ですか、ただいま呼んで参ります。少々お待ちくださいませ」

＜2＞従業員同士の言葉づかい

従業員同士は、職場ではお互いに敬意を払い正しい言葉を使いましょう。

（1） 出退勤の挨拶は、決められたとおりに行ってください。「おっす！」「おさき！」「おつかれ！」無言は厳禁です。
（2） 従業員間の呼称は「○○さん」と名字を呼びます。あだ名や呼び捨てはいけません。
（3） 用事を依頼するときは、「…をお願いします」「…をやっていただけますか」とお願いしましょう。
（4） 依頼を受けてもらったら「ありがとうございます」と気持ちよく言いましょう。
（5） 用事を受けるときは、「ハイ、わかりました」と快く返事をしてください。
（6） 用事ができない場合は、「できません」と答え、「エーッ」「ヤダァー」「ダッテェ」「ウッソォー」「ダメ」などの言葉は使用してはなりません。

5・その他のルールについて

（1） 勤務後の店舗での飲食や残り商品の持ち帰りは、店長の許可を得た場合のみ可能ですが、原則禁止です。
（2） 店舗の用度品・紙袋・備品の持ち出しは、絶対厳禁です。
（3） 貴重品はお店に持ち込まないこと。やむを得ないときは、店長に預けるか、しっかり管理すること。
（4） 退職の場合は、店舗より貸与されたすべてのものを即時に返却してください。

6・違法行為

次の項目に関する行為をすると、なんらかの処罰を受けますので注意してください。

（1） どのような場合でも例外なく、店舗の資産（商品、設備など）の持ち出しや故意の破損または乱用などの行為は処罰の対象になります。
（2） 従業員リスト、店舗図面、レシピ、売上利益に関する帳票、その他会社の機密書類を無断で持ち出したり、コピーしたりする行為は処罰の対象となります。
（3） 従業員同士の、金銭の貸し借りなどは厳禁です。

第5章 接客のコツを会得し いざオープニングへ

わが店のルール（就業規則） ❶

Ⅰ・わが店の考え方

あなたは今日から、「農家レストラン○○○」の一員に加わることになりました。私たちは、あなたを心から歓迎いたします。私たちは、食文化を通じて人間的な成長を目指し、お客様はもちろんのこと、自分たち、そしてスタッフの皆さんに「夢」と「感動」のある環境を作ることを第一としています。「農家レストラン○○○」を経営するのは、NPO法人○○○といいます。NPO法人○○○は、信頼され、地域に根づいて貢献できるNPOになりたいと、心から考えています。どうか皆さんも、一緒に歩んでください。

Ⅱ・わが店のルール

このルールでは、皆さんが毎日楽しく仕事ができるように、仕事と職場の共通のルールを定めています。ルールを守ることが、楽しく明るい職場を作る基盤になります。従業員皆さんの力と努力で守りましょう。

1・挨拶

挨拶は仕事の始まりです。仲間同士のかけ声です。明るく元気に、みんなが声をかけあいましょう。明るい挨拶が、職場の和と助け合いの精神を作り出します。また出入りの業者さんにも、近所の方にも感謝の心を忘れず、明るく言いましょう。

（1）出勤時　　　　　　　　　　　「おはようございます」
（2）退勤時　　　　　　　　　　　「お疲れさまでした」
（3）業者さんへ　　　　　　　　　「ご苦労様です」
（4）近所の方々への挨拶　　　　　「こんにちは」「お世話になっております」

2・身だしなみ

<1>出退勤時
清潔で見苦しくないようにしてください。いつも気を抜かないようにしてください。そこで、以下の事例は禁止しています。
（1）サンダルやつっかけ、靴のかかとを踏んでの出退勤は禁止
（2）お店のユニフォームでの出退勤は禁止（臨時のとき以外）
（3）ポケットに手を突っ込んだり、着衣の前をはだけての出退勤は禁止
（4）厚化粧や目立ちすぎる着衣での出退勤は禁止
（5）ガムをかじったり、飲食しながらの出退勤は禁止
（6）酒気をおびての出退勤は絶対に禁止

※また、勤務中は、以下の事例を禁止しています。
（1）ピアスおよびイヤリングを身につける
（2）濃く、くどい派手なマニキュア、長い爪
（3）その他、店が判断する禁止事項

<2>勤務中
どんなに衛生的な職場でも、またあなたがどんなに素敵な笑顔で接客しても、汚れたユニフォームをだらしなく着ていたら、お客様に対しては大変失礼なことをしています。また、それですべて台無しです。いつでもクリーニングされた清潔なユニフォームを決められたとおりにきちんと着用してください。私たちのお店は飲食業です。せっかくの素敵な笑顔での接客が駄目にならないよう、常に清潔な格好を心がけましょう。ユニフォームは各人に貸与します。自宅でクリーニングして管理してください。

このサービス研修会は2ヶ月に一度開かれるが、必ず次の研修会の最初に、前に決意した成果を問うてほしい。

前の研修会で「改善しよう!」と決めたことが、もし守られていないのなら、なんの意味もない。リーダーは、たまには厳しく叱責することも必要だ。

サービス研修会の翌月開催される料理研究会は、指名された各人が、今後店で出したい創作料理を持ち寄り、品評会・試食会を開いて研究するものである。

この料理研究会は、面倒くさい。指名された各担当は、前の日になって、焦って料理本などを開き「何にしようか……」と頭を悩ませる。だから出てくる料理はたいしたことがない。と言って、この料理研究会を絶対に中止してはならない。2ヶ月に一回しか開かれないので面倒に思うが、このプレッシャーがそのうち効いてきて、回を重ねるごとに、だんだんと出される料理のレベルがアップしてくる。

これは日頃から「お客様に何が受けるのか?」を、みんなが真剣に考えるようになるために、すごい料理がポンと生まれることが多い。

こうして、知らず知らずのうちに全員が真剣に農家レストランのことを思うようになり、職場の雰囲気が前向きになれば、新人が入って来ても、その前向きな雰囲気にのまれて、頼もしい仲間に育ってゆくはずだ。

ロールプレイング式教育と人の誉め方、叱り方

よく、「マニュアル的な応対しかできない、飲食店のサービス」などと揶揄される。この本でも書いたが、「定型サービス」などは、まったくのマニュアルである。

まったまったのマニュアル想定外のことが、レストランの現場では頻繁に起こる。

第5章　接客のコツを会得し いざオープニングへ

スタッフ研修会のお知らせの例

古民家レストラン独鈷

スタッフ研修会のお知らせ

日程：2011年　4月28日（木曜日）
時間：14時30分〜15時30分
出席：全員参加

スケジュール
1. 挨拶訓練
2. 店長講話「開店1ヶ月を過ぎて」
3. 「臨店診断」結果にもとづく、グループ討議
   A班　リーダー店長
   「お客様に満足していただくには、今後どうしたらよいか？」
   「お客様に、また来ていただくために、私たちはこのようにします」

   B班　リーダー女将
   「お客様に満足していただくには、今後どうしたらよいか？」
   「お客様に、また来ていただくために、私たちはこのようにします」

4. 各班、発表
5. コンサルタントからのアドバイス
   「お客様を大切に、もっともっとよい店にしてゆこう！」

なお、これから月に1回、研修会を行います。次回は、5月26日（木曜日）14時30分〜15時30分、料理研究会を行います。指名された人に、創作料理を一品提出してもらい、みんなで試食しながら新しいメニューを考えてゆきます。詳細はまた後日告知します。

2011年　4月20日
　　　　　　　　　　　　　　　　古民家レストラン独鈷　店長　独鈷雅司

ロールプレイング教育

ロールプレイングの実施のしかた

1. 朝礼やミーティングの場、または新人なら少しのあき時間でも実施
2. お客様へのメニューの勧め方、お会計時の応対ストーリーなど、ロールプレイングの台本を作っておくとよい
3. 「台本」は、挨拶から入って、オーダー取りまでの、簡単なストーリーでよい
4. 慣れてきたら、より難しい苦情処理などの場面を想定して行う
5. 最初は、店長とベテランスタッフが、みんなの前で模範演技を行う
6. ロールプレイングの所用時間は、2〜3分で十分
7. 実施した後に、その場に居合わせた者に感想を求める
8. 最後に、教育者が短く、まとめを話す
9. まず、演技者の演技内容のよいところを誉める
10. 次に、悪いところ・矯正しなければならないところを具体的に指摘
11. 最後に、接客のあるべき姿、わが店が目指すサービスを話す
    *仲のよい者同士は、おふざけになりやすいので、組み合わせを工夫する

ロールプレイングの教育効果

- みんなの前でするため、気恥ずかしさを払拭できる
- 対話のある接客サービスが、日常平気でできるようになる
- 自分は認識していない、自分のよいところ・悪いところが指摘されるので、自分を再認識することができる
- みんなの前でロールプレイングするため、他人のよいところ・悪いところがわかり、自分の教訓とすることができる
- わが店の目指すべき姿が、みんなに具体的に伝わる
- 接客サービスだけでなく、さまざまな仕事の場面を想定してロールプレイングをする
- 商品知識がないと応対できないので、自然とメニューなどをより深く学ぶようになる

だから、定型サービスができるだけでは駄目なのだ。では、どのようにすればこの問題を解決できるのか。

それは、想定外の現実対応ができるようにあらゆる場面を想定し、ロールプレイングを繰り返すことである。

ロールプレイング教育とは、教える者と教えられる者が、顧客と店舗スタッフに分かれ、それぞれがその役を想定して演技しながら、実践的に業務を学ぶ方法である。

ロールプレイングをしてみると、想定外の場面が多々出てくる。そこで、それをどう切り抜ければよいのか、またどう対応することが一番ベストな方法なのか、みんなに考えさせることができる。

ロールプレイング後に、リーダーが解説を加え、ベストな対応法を教えるのである。

ロールプレイングによるトレーニングは、さまざまな効果が期待できる。従来の、マニュアルだけの「定型サービス」の丸暗記・押

第5章　接客のコツを会得し いざオープニングへ

しつけ教育だけでは、どこにでもあるファミリーレストランやファストフード店と同じになってしまう。

また、マニュアルだけで教育すると、すぐに行き詰まってしまう。

一方、ロールプレイングは、みんなの前で行うので照れくさい。だが、照れくさいから難しいとは考えないでほしい。難しいことをやり切るから素晴らしい店になるのだ。難しいことに挑戦しなければ、農家レストランに未来はない。

次に、人がやる気になる、上手な「誉め方」、上手な「叱り方」を述べよう。

農家レストランの職場は、真剣勝負の舞台である。だから、いつまでも覚えが悪く、ぐずぐずしている新人は、足手まといだ。

こんな新人を、つい怒ってしまうリーダーの気持ちも理解できるが、失敗を頭からとがめず、まず失敗の理由を聞いてやることが大事だ。そして、どこに問題があるかを、わか

りやすくかみくだいて説明してやらなければならない。

次に、あなたが模範を示し、「ホラ、こうしたらうまくいくだろう！」と丁寧に教え導くのである。最後に新人に、もう一度チャレンジさせ、うまくいったら誉めてやることである。

新人は誉められると感動する。なぜなら、新人は誉められることが少ないからである。再び失敗しないかと、いつもおどおどと萎縮している。

「誉める行為」は最善の教育であると言われている。人は、誉められたことを、もう一度やろうとする。そして仕事に慣れてゆく。

あなたの新人の頃を思い出してみよう。はじめから、なんでもできた人など誰もいない。

誉めるのは照れくさい。

誉められるのも照れくさい。

でも誉められることほど、嬉しいことはな

上手な誉め方　上手な叱り方

上手に誉める
「誉める」ということは、スタッフの能力を積極的に育成するという意味から、もっとも優れた人材育成の技術の一つです。人間は、誉められたことを再びやろうとする本能をもっています。「叱る」ことよりも、「誉める」ことのほうが教育手段として優れているということは、いろいろな研究で実証されています。スタッフを誉めるときには、次の点に留意します。
1. 本人の日常の仕事ぶりや成果を客観的につかんでおく
2. 事実に基づいて誉める
3. 口先だけではなく、心から誉める
4. 他の者に悪影響がない限りは、なるべく職場の仲間の前（朝礼など）で誉める
5. 長所を伸ばすように励まし、今後成果をあげるのに参考になる手がかりを与える
6. 早い時期に誉める。本人が忘れたころに誉められても効果は期待できない
7. 努力したにもかかわらず成果があがらないときは、努力や工夫した点を誉め、今後の活躍を期待して激励する

上手に叱る
スタッフは、日常信頼している上司から叱責されることで成長し、むしろ愛情を感じ上司を信頼するようになるものです。叱る場合、一番大切なことはスタッフが自ら「まちがっていた！」「悪かった！」「なるほど…」と認識することです。力がなく、下の者から信頼されていない上司がいくら叱っても、スタッフの反感を買うだけで、指導にはなりません。上司が、叱るに値する人間でなければなりません。
1. 事実を確実につかんだうえで叱る
2. 漠然とした抽象的な言葉で叱らず、「具体的な事実」を指摘して叱る
3. 原因をはっきりさせ、その過ちの結果、どういうマイナスが生じたかを理解させる
4. 結果は過ちでも動機は正しい場合もある。正しい動機を誉め、そのうえで過ちを指摘
5. 目下の者の過ちは、上司の責任。どのような指導不足で過ちが発生したかを、まず反省してみよう
6. 自尊心を傷つけるような叱り方をすると、指導効果がマイナスになる
7. 叱り方のコツは、「断固として、おだやかに、しかもあっさりと」である
8. 感情的にならず冷静に、そして叱られるほうも、冷静に聞けるときがよい
9. 叱る場所を考えて叱る。むやみに人前で叱らない。叱られる者にも発言のチャンスを与える
10. 今後どうしたらよいか考えさせ助言する。スタッフへの期待を話し、意欲をもりあげる

第5章 接客のコツを会得し いざオープニングへ

い。それも、尊敬する上司や先輩に褒められるのが、新人には大きな喜びとなり、「よし、やるぞ！」と決意が固まる。

また、たまに叱ることも恐れてはならない。たまには、愛情を持って厳しく叱ることも、スタッフの育成には大切なことだ。

右ページの「上手な誉め方 上手な叱り方」を参考にしてほしい。

誉めたり、叱ったり……、こうして人は成長してゆくのである。

先進店舗見学による「モデリング」

われわれ日本人には、「優れたものを他から学び、それを積極的に受け入れる」という習性がある。そして他から学んだものに改良を加え、いつの間にか、学んだものよりも優れたものを作り上げるという、独特な創造性が身についている。これをモデリング

(Modeling) と呼んでいる。

他の農家レストランや、優れた飲食店の見学によって得るものは大きい。他店のよいところを視察して、よい点は自店に取り入れるのである。

店の外に出て、冷静に自店を振り返るよい機会でもある。

店舗視察の留意点を記しておく。

(イ) 視察対象の農家レストランは、先進事例や話題の店がよい

(ロ) 事前に、視察店の内容をできる限り下調べしておく

(ハ) 現地での迷いなどもあるため、余裕あるスケジュールを立てる

(ニ) カメラや録音機の使用は、店側とトラブルになりやすいので避ける

(ホ) 視察店の営業を妨害するような行動や言動は絶対に慎む

(ヘ) 視察店では、素直な目で冷静に観察する

農家民宿「稲多瑠（ほたる）」（福島県会津若松市）の昼御膳。1500円（当時）

ト 手洗いや店舗周囲、裏口周辺なども観察する

チ 視察店のメニューを持ち出すなど、不法行為は絶対に行ってはならない

ここで重要なことは、「素直な気持ちで視察する」ことである。視察先の相手を過大評価することは必要ないが、かといって過小評価もよくない。

冷静な目で他店を観察し、素直に他店のよいところに学び、それを自店に素早く適切に取り入れる努力、これが勝利を呼ぶコツである。

第5章 接客のコツを会得し いざオープニングへ

シークレット・オープンと宣伝の極意

シークレット・オープンとは何か？

農家レストランの開店は静かに、できれば秘密裏に行いたいものである。これを専門用語で、「シークレット・オープン」と呼ぶ。

読者の皆さんも、派手に開店の宣伝をしているお店に行き、とんでもない思いをしたことはないだろうか？

注文したラーメンが出てこない、ビールが30分も出てこない。やっと出てきたと思ったら、ラーメンのスープはぬるく、麺は生煮えだった……。

そんなお店が、開店3ヶ月後には閑古鳥が鳴き1年後には閉店の憂き目にあう。

そうならないために、シークレット・オープンを心がけてほしいのである。

開店時のつまずきは、なぜ起こるのか？

それは、お店のスタッフみんなが「仕事に慣れていない」ことが原因である。

調理にも慣れていない、料理もうろ覚え、バイトも慣れていない、サービスも慣れていない、お会計、レジの打ち方にも慣れていない。

だから、前述したような混乱が起きるのである。これを反面教師として考えたのが、シークレット・オープンである。

大手のチェーン店では、シークレット・オープンを実施する必要はない。オープニング・クルーという、オープン専門のトレーナーやスタッフが存在するからである。

だから、チェーン店はいつ見ても派手なオー

181

ープンを行うのである。

大手チェーン店では、このオープニング・クルーが、短くても3～4日、普通なら1週間、長いと1ヶ月ぐらい新店の指導に携わる。

しかし、農家レストランのような、素人開業の飲食店には、派手な開店より、シークレット・オープンのような静かな開店のほうが、繁盛を継続するには効果的なのだ。

では、そのシークレット・オープンはどのようにするのか？

まず、すべての工事が終わって、お店ができあがってもまだオープンしてはならない。

まず、開店前にレセプション（開店披露会）を数回行うことである。このように話すと、たいていの人が「開店披露宴なんて、一回でいいんじゃないですか？」と聞いてくる。

ある人は、拒絶反応を起こす。

「なぜ、何回も行うのか⋯⋯？」

その理由は、このレセプションが、農家レストランのスタッフには、格好の開店前トレーニング（教育・訓練）になるからなのだ。

シークレット・オープンの実行手順

まず、レセプションを3回実施することを決定し、ご招待状を出す。

レセプション第1日は、十分に事前準備と打ち合わせを行って実施する。

お客様にお出しする料理とドリンクは、第1日ではあらかじめすべて決めておく。

来店された招待客（町村のお偉方たち）は、お店側の誘導どおりに行動して、すべてが無事に終了する。

決まりきった料理といっても、農家レストランの主力メニューだから、招待客は大満足し、お酒の酔いもあり喜んで帰ってゆく。

片づけが終わると、今度は反省会を開催す

第5章　接客のコツを会得し いざオープニングへ

開店レセプションの様子

　る。あれがうまくいかない、これが問題だと、さまざまな問題に気づく。

　そこで、ただちに手直し工事に入る。

　工事の方に、手直し工事を急遽してもらう。そして次のレセプションの準備をする。

　第2回のレセプションでは、近所の住民が招待客の主力である。

　二度めの手順は、メイン料理とドリンクは決めたものを出すが、あとはメニューの中から自由に選んで注文してもらうのである。ここが重要なのだ。メイン料理はそれなりに自信があるが、サブメニューには自信がない。そこで、自由に注文してもらうことによって、料理の腕を鍛えるのである。

　多少料理に手間取っても、「開店だからしようがない」と招待客も鷹揚に考えてくれる。ほどよい事前トレーニングになる。

　その日も、終了後の反省会を行う。改善や修正があれば、すぐに見直し改善する。こうして2回めのレセプションが終了す

183

る。この時点で、お店のスタッフ全員が、お店の業務にかなり慣れてくる。できれば最後にもう一度、駄目押しのレセプションをすべきである。3回めに招待するお客様は、スタッフの知人や友達連である。
今度は、最初から完全自由オーダー制で、お客様に本番と同じように注文していただく。この最後の予行演習で、お店のスタッフは業務に習熟する。
こうして、いよいよオープンである。
しかし、開店予告は貼り紙一枚でよい。
工事が終わり、見慣れない農家レストランができた。しかし、いつまでたってもオープンしない。近くの人々は、みんなやきもきし出す。
前を通ってみると、なにやら外部からお客様を呼んで、お披露目を何度もしているようだ。普通ならとっくにオープンしてもいいのに……と感じてくれれば、しめたものだ。
「どんな農家レストランなの?」「変だね!」

「変わっている」と噂が盛り上がる。
なかには、ウェッブやツイッターに、
「こういう、こだわりの農家レストランがウチの近くで今、開店準備中です。ドキドキしながら開店を待っています……」
「工事は終わっているはずなのに、いつまでもオープンしません。とっても不思議な農家レストラン……」
などという書き込みが始まる。
このように、噂が噂を呼ぶと機は熟した。
「週末の○○日、午前11時30分開店」と開店告知を貼り出すのである。
その貼り紙だけで十分だ。待たされてジリジリしていたお客様が、ドアを蹴破るように入店してくる。
開店後、30分で満席になる。それでもお店は混乱なく運営されてゆく。
これがシークレット・オープンである。こうして徐々にお客様が増えてゆき、開店の情報が地域に徐々に浸透してゆき、売上高に弾

第５章　接客のコツを会得しいざオープニングへ

お客様アンケート

```
お客様アンケート

　ご来店ありがとうございます。お客様の声をお聞かせく
ださい。

◆　料理の味は、　おいしかった　おいしくない
◆　サービスは、　感じがよい　　感じが悪い
◆　店内の雰囲気　よい　普通　悪い
◆　その他お気づきの点をお聞かせください。
（　　　　　　　　　　　　　　　　　　　　　　　　）

ご協力ありがとうございます。
お客様のアドレスをお教えいただければ、今後お得な情報
をお送りいたします。
　〒
　ご住所　＿＿＿＿＿＿＿＿＿＿＿＿＿＿＿＿＿
　　　　　＿＿＿＿＿＿＿＿＿＿＿＿＿＿＿＿＿
　お名前　＿＿＿＿＿＿＿＿＿＿＿＿＿＿＿＿＿
　　　　　＿＿＿＿＿＿＿＿＿＿＿＿＿＿＿＿＿
　TEL　　＿＿＿＿＿＿＿＿＿＿＿＿＿＿＿＿＿
　FAX　　＿＿＿＿＿＿＿＿＿＿＿＿＿＿＿＿＿
　e-mail　＿＿＿＿＿＿＿＿＿＿＿＿＿＿＿＿＿

　　　農家レストラン○○○
　　　　神奈川県伊勢原市　　TEL
```

みがついてくる。こうして開店景気はないものの、ほどよい繁盛状態が長く続くのである。もちろん、お客様アンケートをとらなくてはならない。

そこには、「初めての開店だと言うのに、スタッフがとても親切で、本当に満足しまし

た」などと書かれている。

ぜひ皆様も、このシークレット・オープンを実行され、農家レストランの繁盛を継続させていただきたいものである。

農家レストランに必要な宣伝と情報発信

農家レストランの宣伝に関して述べてゆこう。

農家レストランは、前述したように「時流に乗っているビジネス」である。だから、テレビや雑誌・新聞の取材が多い。マスコミの取材は、有料も無料もあるが、できれば無料のパブリシティ(publicity)として取り上げられるほうがよい。

パブリシティとは、広告ではなく、記事として取り上げられることだ。記事=ニュースとしてである。

広告を見ているお客様は、「行ってみようかな」とは思うが、「書いてあることはどうせ広告でしょう」と割り切っている。ところが記事=ニュースなら、「これは本当のことなんだ！」と真実味を感じ、行ってみたい欲望に火がつく。

ただしかし、パブリシティとして取り上げられるか否かは、マスコミ側の事情によるので、農家レストランがどんなにやきもきしても、記事になるかどうかは不透明だ。

そこでパブリシティとして取り上げてもらう機会を確保するために、農家レストランは常に自店の魅力的な情報を、いろいろな方面に発信する必要がある。

季節の食材を使った旬の料理、新しい食べ方の提案、新しい種類の新鮮野菜、その食品に含まれる栄養素の健康機能性、ダッチオーブンを使用した煮込み料理、野外のグリラーで焼いた焼き野菜、国産オリーブオイルの活用法、山に自生する果物の手作りジャム……

第5章　接客のコツを会得し いざオープニングへ

これを使うと、主要なマスコミの連絡先が載っているので便利だ。

その他、有料の広告だが重要なものは、チラシ、パンフレット、掲載広告、看板、幟旗(のぼりばた)などがある。

いずれにしろ、宣伝は大事だ。農家レストランを開業して20年も経って、繁盛が続いているようなら、これはもう本当の実力派。宣伝など必要ない。

しかし、オープンしてまだ2〜3ヶ月なら、いくら内容がよくても、お客様に飽きられる可能性がある。忘れさられる可能性がある。

当面は、経費をつぎ込んでも大いに宣伝すべきなのだ。

来店していただいたお客様の名簿を収集することも重要だ。お客様の個人情報をどのように集めるか、現在これは非常に難しくなった。個人の住所を、書きたがらないお客様が多いからだ。

もう、数えあげたらきりがないが、さまざまな楽しいニュースを常時発信し続けることが、マスコミの関心を呼びおこすことにつながる。

一生懸命に情報を送り続けていると、あるとき突然、取材の申し込みがメールで入ってくるかもしれない。ぜひそうなるように頑張ってもらいたい。

情報発信は、インターネットのホームページやブログ、定期的に発信するメールマガジン、つぶやきのようなツイッターなども活用して発信する。

一度取材してもらえれば、彼らのアドレスやFAXに向け、常時情報を発信することも忘れないでほしい。マスコミ人との人間関係作りだ。

一度も、マスコミの取材を受けたことがない場合でもOK。そんな方に強い味方がある。宣伝関係の雑誌を出している会社から、「マスコミ電話帳」が出版されている。

だが、メールアドレスは、けっこう書いてくれる。メールアドレスは、アンケート用紙に書かれる場合が多い。このメールアドレスをリスト化して、お得情報などを発信するのである。

または、ホームページなどで「○○倶楽部」を立ち上げて、店の会員になればお得な情報がもらえるようにすると、けっこう集客が図れる。

できれば、顧客リストの数を具体的な目標数を掲げて集めたいものだ。

こうした方法を「顧客の囲い込み」と呼ぶ。

しかし、基本はあくまでもコツコツと情報発信を続け、来店された一人一人のお客様に、お料理もサービスも雰囲気も、十分に満足していただくことでしか、繁盛を継続することはできない。

それがまた、農家レストランの最高の宣伝に結びつくはずである。

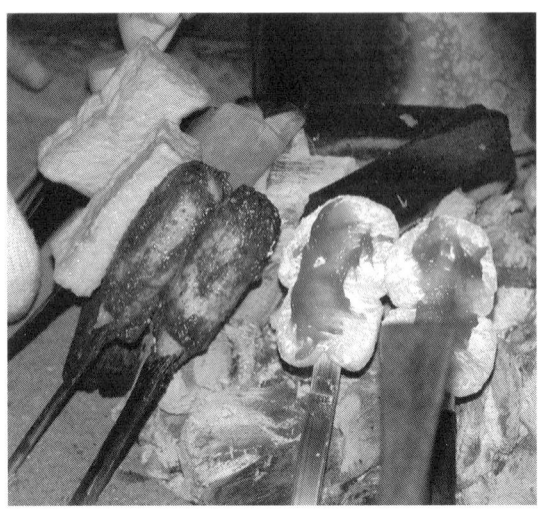

田楽と餅を炭火で焼く。素朴な味噌料理として発信

農家レストランで地域に活気がみなぎる

農家レストランこそ農村最後の起業チャンス

現代の日本社会には、先の見えない閉塞感が漂っている。なぜこのようになってしまったのか？

昭和40年代の高度経済成長期から、昭和60年代のバブル景気、そしてその崩壊と低迷。この間、日本社会は目まぐるしく変化してきた。

経済の成長と後退を繰り返しながらも、豊かで成熟した、外国から羨ましがられるような素晴らしい社会を創ってきたはずだった。

しかし21世紀に突入したこの10年間、人口は高齢化し、社会は活力を失い、経済は停滞し、政治は混乱している。

農家レストランの舞台となる農村は、どうだろうか？

農産物の価格は上がらず、農業の近代化は遅れ、相変わらずの政治頼みの農政が続く。

そんななか、10年前に登場した小泉改革。郵政民営化と大胆な構造改革を掲げて登場した小泉内閣によって、農村は一気に衰退の道を歩まされた。

郵政民営化の狙いは、郵便資金と連動している、財政投融資の大幅削減。それまでの地方や農村は、政府や地方行政が支出する補助金や公共投資資金で維持されてきた。

結局、公共工事は大幅削減、行政にも金はなく、農村に回るお金が枯渇。農村からますます人が離れ、そしてついに「限界集落」と呼ばれるような、みじめな状態に追い込まれ

る農村が出現している。

ところが、農村では思いもしない活気も生まれてきている。

それが、農産物直売所の成功である。近年の、農産物直売所の成功は、世間の農村を見る目を覚醒させた。

「そうだ！　中国産餃子を食べなくても、外国からの怪しげな輸入食品を食べなくても、わが国には緑豊かな田舎があり、そこには安全で安心な食料が山のように生産されているじゃないか」

「帰農」の動きもある。わが国の人口の大半を占める団塊の世代が、60歳の退職時期を迎え、「故郷の農村に帰ろうかな」とか、「農業でもやってみようかな」と、懐かしい野や山に触れてみようかと考えだした。

そして現に、農村に田畑を借りたり、市民農園に申し込んで花や野菜を植えたり、ホームセンターで野菜の苗を購入し、自宅の庭に植えてみたりする人々がどんどん増えてい

て、「農業なんて、そんな甘いものじゃないよ！」と反論するはずだ。

しかし、今まで話題にも上らなかった「農業」が、今、大きな話題になっている。「里山」という言葉も流行した。日本の農村や山間部は、緩やかな丘陵地だ。その土地を農家の方々は、大変な努力をして耕作し、守ってきた。リタイアを迎えた人々が、里山を夢見て、もう一度訪ねてみようとしている。

それだけではない。人々の「食」に対する関心が敏感になり、なるべく安心・安全な国産食材を食べて健康に過ごしたいと思うようになった。

その結果、スーパーの野菜売場より、農産物直売所の野菜が売れるような現象も現れている。過去には考えられなかったことだ。

農産物直売所は、国内ですでに1万ヶ所もあり、もうそろそろ飽和状態だと思われる。

そして次の出番が、農家レストランだ。

第5章 接客のコツを会得し いざオープニングへ

福島県南会津郡下郷町の郊外にある農家レストラン「蕎屋」

農家レストランを女性パワーで成功させよう

農家レストランは、懐かしい郷土料理や手作りの野菜料理を売りものにした、農村に立地するレストランだ。こんな、おふくろの味を求めて人々は今、農村に向かっている。

しかし、農村も高齢化が進行し、もう残された時間は少ない。農村で起業するチャンスは、農家レストランが最後だと思う。だからこそ、最後の起業チャンスを逃さず、農村のお母さんたちが中心になって、農家レストランを立ち上げて成功してもらいたい。

過去、農村で女性たちが認められることは少なかった。

それゆえ、農村の女性たちが活躍する農家レストランは、その活躍にふさわしい大いなる舞台に違いない。

本書の問題意識は、現在国内で開業してい

191

る農家レストランの半分近い店が、あまり儲からないという危惧からである。

やっとめぐってきた農村女性の活躍の場である農家レストランが、あまり儲からない、極端な場合、赤字経営では話にならない。

その根本原因は、農家レストランの中心人物たち＝農家のお母さんたちが、飲食店の勉強など、何もしてこなかったことに起因する。

農家のお母さんたちは、今までは一般消費者であった。

よく「消費者の立場に立って……」と言われるが、「消費者目線」だけではレストラン経営はできない。

なぜなら、一般消費者の立場だけに立てば、料理は無料、好きなものが、いつでも自由に食べられればよい、となってしまう。

これでは経営は成り立たない。

農家レストランの活動は、「経営」である。

それも、地場産の農産物を大いに活用し、農村に雇用を生み出し、農村経済を活性化させる、期待のビジネスモデルだ。

であるならば、「適正な利益」を捻出し、継続的に経営をし続けなければ、その役割は果たせない。そのために、農家レストランを利益の出る健全経営にしなければならない。健全経営にする方策は、本書でいろいろ述べてきた。

素晴らしい魅力的な農家レストランの第一条件は、お客様を引きつける魅力的な料理の提供だ。

例えば、長野市鬼無里に農家レストランではないが、食品製造小売業のおやきの「いろは堂」がある。

ここは、雪深い山中だが、雪が解けた後のGWの連休ともなれば、一日に7000個のおやきを販売する繁盛店だ。コンビニすらない山中で、なぜお客様が詰めかけるのか？

人口2200人余りの小さな村に、「いろは堂」はある。長野市の中心市街地から車で

第5章 接客のコツを会得し いざオープニングへ

40分ほどかかる山里に、季節ごとのおやきを求めてお客様は集まってくる。おやきの販売量は、連休中など多い日には一日7000個にも達する。

「いろは堂」は1925年の創業で、もともとは和菓子を作っていた。来客用に出したおやきが好評だったことから、商品化に乗り出した。

冷めても固くならない皮の開発には時間がかかったが、小麦粉とそば粉を混ぜた生地と、焼き方に工夫を凝らすことで実現した。1980年代前半からは、おやき専業に転換。野沢菜、アザミなど8種類の通年商品のほかに、春にはふきのとう、こごみなどの山菜類、秋には舞茸が人気を集めている。

具材は森林組合などと協力しながら、地元産にこだわっている。ほとんどが「いろは堂」への来店を目的にやってくるお客様だ。

経営者の伊藤さん夫妻は「わざわざ来てもらったのだから、がっかりさせたくない」と

長野市鬼無里のおやきの「いろは堂」は、雪深い里にある

長野市鬼無里のおやきの「いろは堂」のカリッと囲炉裏で焼いたおやき

長野市鬼無里のおやきの「いろは堂」を経営する伊藤ご夫妻

いつも店に出てお客様を迎える。デパートでの催事販売のほか、通信販売にも積極的に取り組む。年に2回、年賀状と暑中見舞いを、5万人を超える顧客に送付しているという。

「いろは堂」のおやきこそ、素晴らしい料理だ。おやきは長野県ではどこでも売っている。しかし、表面がカリッとして中がモチッ、具がいっぱい入っているおやきは「いろは堂」にしか売っていない。(さまざまな種類があり、一個180円から200円くらい)

これこそ店を代表する、フラッグシップメニュー＝旗艦料理である。

こうした、特徴があり、お客様に大人気の料理を売りものに、その料理プラス丁寧で親切、そして気配りのあるホスピタリティ・サービスが実現できていれば、どんな山の中の田舎や農村でも、ビジネスは成功の可能性がある。

「いろは堂」までいかなくても、一般の農家レストランでも、みんなでよく研究し工夫を繰り返せば、こうした売れる名物料理を開発できないわけはない。本書では、そうした事例を数多く述べてきた。ぜひ本書を活用して、農家レストランを成功に導いていただきたいのである。

そしてそれをやり切ってもらいたい期待の人々が、農村のお母さんたちである。子育てが終わった団塊の世代のお母さんたちは、まだまだ元気だ。

いろいろなことをやってみたいと、挑戦意欲に燃えている。父ちゃんたちに期待していないわけではないが、発想と考え方が硬すぎて、農家レストランは任せられない。

農村には、いまだに男尊女卑の保守的な考えがはびこっている。そんななかで、女性の起業を奨励するのは難しいかもしれない。

しかし、今まで表舞台に立ってこなかったお母さんたちだからこそ、柔軟で自由な考え

第5章　接客のコツを会得し いざオープニングへ

農家のお母さん方が作業場で手作りする。長野市鬼無里のおやきの「いろは堂」

方に立てるし、新しいことにも挑戦できるのだ。

なにより、物事に対して既成概念がない。

そしてみんな真面目だ。

命をはぐくんできた人々だから、「食」という生命に関わる仕事には、ぴったりなのだ。

農家のお母さんたちの夢の城、それが農家レストランだ。だから頑張ってほしい。夢をあきらめずに突き進んでほしい。

われわれ農家レストランを支援する者は、そのためのサポートを惜しまない決意であり、最後まで皆さんとともに歩みたいと願っている。

HP：http://www6.plala.or.jp/yhyfky/enjoy/oyaki/oyaki.html

株式会社　テンポスバスターズ
（中古厨房器具販売）
〒144-0031　東京都大田区東蒲田2-30-17
TEL 03-3736-0319　FAX 03-5744-0910
＊全国に20数か所の中古厨房器具販売店舗があり、HPで検索
HP：http://www.tenpos.co.jp/

全国商工会連合会（本部）
〒105-0004　東京都港区新橋2-16-1　ニュー新橋ビル8階
全国各地に商工会があり、近くの商工会は地名入力し…商工会で検索
HP：http://www.shokokai.or.jp/

日本政策金融公庫
＊各都道府県にあり、創業融資の相談はTEL 0120-154-505まで。受付時間や休日等の詳細は、HPで検索
HP：http://www.jfc.go.jp/

道の駅「ばとう」
〒324-0617　栃木県那須郡那珂川町大字北向田183-1
TEL 0287-92-5757
HP：http://www.ktr.mlit.go.jp/honkyoku/road/eki/staiton/tochi_batou/index.html

農家れすとらん「蕎屋（きょうや）」
〒969-5332　福島県南会津郡下郷町大字中妻字家ノ上657
TEL & FAX 0241-67-3522
HP：http://www.uyou.gr.jp/kyouya/

富士見村農産物直売所
〒371-0103　群馬県前橋市富士見町小暮104-1

TEL & FAX 027-288-7919
HP：http://www.city.maebashi.gunma.jp/ctg/21900020/21900020.html

農家民宿「稲多瑠（ほたる）」
〒965-0118　福島県会津若松市北会津町石原406
TEL & FAX 0242-58-2729
HP：http://www8.plala.or.jp/hotaru/

おやきの「いろは堂」
〒381-4393　長野県長野市鬼無里1687-1
TEL 026-256-2033　FAX 026-256-3282
HP：http://www.irohado.com/company/index.html

たらいうどん「糀や（もみじや）」
〒319-0304　茨城県水戸市有賀町1021
TEL & FAX 029-259-4826
HP：http://www.geocities.jp/momijiya_mu/tenpo.htm

インフォメーション

◆インフォメーション ──────── ＊本書内容関連。順不同。2011年7月現在

JA地産地消全国協議会
〒100-6837　東京都千代田区大手町1-3-1
JAビル36階　JA全中 食農・くらしの対策室
TEL 03-6665-6240　FAX 03-3217-5073

**財団法人　都市農山漁村交流活性化機構
（まちむら交流きこう）**
〒101-0042　東京都千代田区神田東松下町45
神田金子ビル5F
TEL 03-4335-1981　FAX 03-5256-5211
HP：http://www.kouryu.or.jp

古民家レストラン　独鈷（どっこ）
〒965-0826　福島県会津若松市門田町御山村
中372
TEL 0242-27-8059　FAX 0242-27-9751
HP：http://www.dokko.jp

レストラン　ビオス　Restaurant Bio-s
〒419-0303　静岡県富士宮市大鹿窪939-1
TEL 0544-67-0095　FAX 0544-67-0098
HP：http://www.bio-s.net/

**ポケットファームどきどき　つくば牛久店
森の家庭料理レストラン**
〒300-1231　茨城県牛久市猪子町967-1
TEL 029-879-8801　FAX 029-878-5030
HP：http://www.ib.zennoh.or.jp/dokidoki2/contents/restaurant.html

花農場あわの
〒322-0422　栃木県鹿沼市中粕尾423
TEL 0289-83-7787　FAX 0289-83-7788
HP：http://hananoujou.com/

針塚農産（針塚藤重）
〒377-0002　群馬県渋川市中村66
TEL 0279-22-0381　FAX 0279-24-5424

HP：http://www1.ocn.ne.jp/~harinou/1103.html

あんずの里市利用組合
〒811-3521　福岡県福津市勝浦1667-1
TEL 0940-52-5995　FAX 0940-52-5999
HP：http://anzunosatoichi.anzu-sato.jp/

下郷町商工会
〒969-5311　福島県南会津郡下郷町大字豊成字下モ6356
TEL 0241-67-3135　FAX 0241-67-3298
HP：http://www.f.do-fukushima.or.jp/shimogo/

秋保ベジ太倶楽部　農家のレストラン
〒982-0244　宮城県仙台市太白区秋保町馬場滝原75-3
TEL & FAX 022-399-5020
HP：http://www1.ocn.ne.jp/~akiu/

マイスター工房八千代
〒677-0103　兵庫県多可郡多可町八千代区中村46-1
TEL & FAX 0795-30-5115
HP：http://www.hari-hari.com/sg-meister.html

まごの店
〒519-2100　三重県多気郡多気町五桂956
TEL & FAX 0598-39-3803
HP：http://www.mie-c.ed.jp/houka/gakka/syoku/mago.htm

大子おやき学校
〒319-3544　茨城県久慈郡大子町大字槙野地2469
TEL 0295-78-0500　FAX 0295-78-0509

農家レストラン入口(茨城県水戸市)

●

デザイン ───── 寺田有恒
　　　　　　　　ビレッジ・ハウス
イラストレーション ───── 星加☆海（付物）
　　　　　　　　楢　喜八（本文）
校正 ───── 吉田　仁

著者プロフィール

●高桑　隆（たかくわ　たかし）

1950年、北海道士別市生まれ。神奈川大学経済学部卒業。通信教育「売場管理実務講座」で文部大臣賞受賞。1976年、(株)デニーズジャパン入社。1999年、(有)日本フードサービスブレイン設立、代表取締役。2000年、法政大学エクステンションカレッジ「店舗起業支援塾」開講。2009年、福島県会津若松市にて「農家レストラン創業塾」開催。現在、服部栄養専門学校、桜美林大学非常勤講師。東京都、千葉県、茨城県、群馬県、福島県商工会連合会経営エキスパート。あおぞら銀行経営・技術評価アドバイザー。フードビジネスカウンセラー。農家レストランを含め、飲食店の開業・経営に関する現場指導、講演会などに積極的に応えている。

著書に『幸せ呼ぶ飲食店の独立開業』(商業界)、『飲食店経営の数字がわかるマネジメント』(同友館)など。

＜連絡先＞
(有)日本フードサービスブレイン
〒259-1113　神奈川県伊勢原市粟窪149
TEL & FAX　0463-94-3013
E-mail　qqfv5ved@festa.ocn.ne.jp

農家レストランの繁盛指南

2011年8月23日　第1刷発行

著　　者——高桑　隆
発　行　者——相場博也
発　行　所——株式会社　創森社
　　　　　　〒162-0805　東京都新宿区矢来町96-4
　　　　　　TEL 03-5228-2270　FAX 03-5228-2410
　　　　　　http://www.soshinsha-pub.com
　　　　　　振替00160-7-770406
組　　版——有限会社　天龍社
印刷製本——中央精版印刷株式会社

落丁・乱丁本はおとりかえします。定価は表紙カバーに表示してあります。
本書の一部あるいは全部を無断で複写、複製することは、法律で定められた場合を除き、著作権および出版社の権利の侵害となります。
©Takashi Takakuwa 2011 Printed in Japan ISBN978-4-88340-262-5 C0061

〝食・農・環境・社会〟の本

創森社　〒162-0805 東京都新宿区矢来町96-4
TEL 03-5228-2270　FAX 03-5228-2410
http://www.soshinsha-pub.com
＊定価(本体価格+税)は変わる場合があります

育てて楽しむ

育てて楽しむ タケ・ササ 手入れのコツ
内村悦三著　A5判112頁1365円

ブルーベリーに魅せられて
西下はつ代著　A5判124頁1500円

野菜の種はこうして採ろう
船越建明著　A5判196頁1575円

直売所だより
山下惣一著　四六判288頁1680円

ペットのための遺言書・身上書のつくり方
高野瀬順子著　A5判80頁945円

グリーン・ケアの秘める力
近藤まなみ・兼坂さくら著　276頁2310円

心を沈めて耳を澄ます
鎌田慧著　四六判360頁1890円

いのちの種を未来に
野口勲著　四六判188頁1575円

森の詩〜山村に生きる〜
柿崎ヤス子著　四六判192頁1500円

農業の基本価値
大内力著　四六判216頁1680円

現代の食料・農業問題〜誤解から打開へ〜
日本農業新聞取材班著　四六判326頁1890円

田園立国
鈴木宣弘著　四六判184頁1680円

虫けら賛歌
梅谷献二著　四六判268頁1890円

山里の食べもの誌
杉浦孝蔵著　四六判292頁2100円

緑のカーテンの育て方・楽しみ方
緑のカーテン応援団編著　A5判84頁1050円

育てて楽しむ

育てて楽しむ 雑穀 栽培・加工・利用
稲垣栄洋著 楢喜八絵　A5判120頁1470円

はじめよう！自然農業
趙漢珪監修 姫野祐子編　A5判268頁1890円

オーガニック・ガーデンのすすめ
曳地トシ・曳地義治著　A5判96頁1470円

育てて楽しむ ユズ・柑橘 栽培・利用加工
音井格著　A5判96頁1470円

バイオ燃料と食・農・環境
加藤信夫著　A5判256頁2625円

田んぼの営みと恵み
稲垣栄洋著　A5判140頁1470円

石窯づくり 早わかり
須藤章著　A5判108頁1470円

ブドウの根域制限栽培
今井俊治著　B5判80頁2520円

飼料用米の栽培・利用
小沢亙・吉田宣夫編　A5判136頁1890円

農に人あり志あり
岸康彦編　A5判344頁2310円

現代に生かす竹資源
内村悦三監修　A5判220頁2100円

人間復権の食・農・協同
河野直践著　四六判304頁1890円

反冤罪
鎌田慧著　四六判280頁1680円

薪暮らしの愉しみ
深澤光著　四六判228頁2310円

農と自然の復興
宇根豊著　四六判304頁1680円

農の世紀へ
日本農業新聞取材班著　四六判328頁1890円

田んぼの生きもの誌
西尾敏彦著　四六判288頁1680円

東京シルエット
成田徹著　四六判264頁1680円

玉子と土といのちと
菅野芳秀著　四六判220頁1575円

生きもの豊かな自然耕
岩澤信夫著　四六判212頁1575円

里山復権
中村浩二・嘉田良平編　A5判236頁2000円

自然農の野菜づくり
川口由一監修 高橋浩昭著　A5判228頁1890円

農産物直売所が農業・農村を救う
田中満編　A5判152頁1680円

菜の花エコ事典〜ナタネの育て方・生かし方〜
藤井絢子編著　A5判196頁1680円

ブルーベリーの観察と育て方
玉田孝人・福田俊著　A5判120頁1470円

パーマカルチャー〜自給自立の農的暮らしに〜
パーマカルチャー・センター・ジャパン編　B5変型判280頁2730円

巣箱づくりから自然保護〜
飯田知彦著　A5判276頁1890円

東京スケッチブック
小泉信一著　四六判272頁1575円

農産物直売所の繁盛指南
駒谷行雄著　A5判208頁1890円